만화로 보는 에피소드 경영학

❶ 자동차

CARTOON
BUSINESS
SERIES
001
자동차

만화로 보는
에피소드 경영학

글 김용석   그림 채안

CONTENTS

머리말 … 8
Prologue – Formula One World Championship … 12

Chapter 01 | 전기자동차를 넘어 지속가능한 세상을 여는
　　　　　　 미래의 자동차, 테슬라

　　1　만화로 보는 에피소드 – 테슬라 ………………………………… 32
　　2　테슬라의 경영학 ……………………………………………… 48
　　3　에피소드 Plus ………………………………………………… 60
　　4　비즈니스 인사이트 …………………………………………… 64

Chapter 02 | 최고가 아니면 만들지 않는다!
　　　　　　 최초이자 최고의 자동차 벤츠

　　1　만화로 보는 에피소드 – 벤츠 …………………………………… 68
　　2　벤츠의 경영학 ………………………………………………… 90
　　3　에피소드 Plus ………………………………………………… 102
　　4　비즈니스 인사이트 …………………………………………… 106

Chapter 03 | 국민차에서 스포츠카로 끊임없는 변신, 대를 이은 자동차 업계의 귀재 포르쉐

1 만화로 보는 에피소드 – 포르쉐 ····· 110
2 포르쉐의 경영학 ····· 128
3 에피소드 Plus ····· 140
4 비즈니스 인사이트 ····· 144

Chapter 04 | 자동차를 예술로 끌어올린 피닌파리나

1 만화로 보는 에피소드 – 피닌파리나 ····· 148
2 피닌파리나의 경영학 ····· 162
3 에피소드 Plus ····· 170
4 비즈니스 인사이트 ····· 174

Chapter 05 | 최고의 모터사이클에서 F1 우승, 제트기 생산까지
불굴의 도전과 기술의 혼다

1 만화로 보는 에피소드 – 혼다 ·· 178
2 혼다의 경영학 ·· 194
3 에피소드 Plus ·· 204
4 비즈니스 인사이트 ·· 208

Chapter 06 | 세계에서 가장 빠른 타이어! 세계 최고 여행안내서!
혁신과 문화마케팅의 선구자 미쉐린

1 만화로 보는 에피소드 – 미쉐린 ··································· 212
2 미쉐린의 경영학 ·· 230
3 에피소드 Plus ·· 241
4 비즈니스 인사이트 ·· 244

Chapter 07 | 컨베이어벨트로 일궈낸 생산혁명
자동차의 대중화 이끈 포드

1 만화로 보는 에피소드 – 포드 ·· 248
2 포드의 경영학 ·· 262
3 에피소드 Plus ·· 272
4 비즈니스 인사이트 ·· 276

Chapter 08 | 'Just in Time' 경영방식을 도입 가장 빠르게 성장한
자동차 회사 도요타

1 만화로 보는 에피소드 – 도요타 ·· 280
2 도요타의 경영학 ·· 292
3 에피소드 Plus ·· 302
4 비즈니스 인사이트 ·· 306

Epilogue – 자동차 기네스북 ··· 308

머리말

해운업과 철도 산업으로 '철도왕'이 되어

미국 역사상 가장 부유한 인물 중의 한 사람이 된 밴더빌트Vanderbilt와 철강 수요의 증대를 예견하여 독자적으로 철강업을 경영하여 '철강왕'이 된 카네기Carnegie는 1차 산업혁명의 증기산업 성장기회를 활용하였다. 석유회사를 설립하여 미국 내 정유소의 95%를 지배하여 '석유왕'으로 불리었던 록펠러Rockefeller와 대량생산방식에 의하여 자동차를 대중화하여 '자동차왕'으로 불리는 헨리 포드Ford는 2차 산업혁명의 전기 에너지 기반 경제를 이용하여 역사적인 부자가 되었다. 퍼스널 컴퓨터의 운영체제 프로그램인 '윈도즈Windows'를 출시하여 20세기 후반 정보기술 시대를 선도해 온 마이크로소프트 창업자 빌 게이츠는 3차 산업혁명의 컴퓨터와 인터넷 기반의 지식정보경제를 이용하여 세계 1위 부자가 되었다. 현재 글로벌 경제를 이끌고 있는 'FANG(페이스북·아마존·넷플릭스·구글)'의 창업자 및 경영자들은 4차 산업혁명 시대의 핵심기술을 이용하여 인터넷 기반의 플랫폼 사업으로 성공하였다.

위에서 언급한 역사적인 인물들의 공통점은 무엇일까? '경영학적 통찰력'을 가지고 기회를 포착하여 효율적 및 효과적인 '경영'을 한 사람들이다. 경영학business administration은 18세기 영국을 중심으로 가내수공업에서 벗어나 증기기관기반의 기계화를 바탕으로 한 산업혁명이 성공하고 새로운 형태의 산업 경제가 생겨나면서부터 시작된 학문이다. 산업혁명 이후 전기 에너지 기반의 대량생산을 기반으로 한 2차 산업혁명과 컴퓨터와 인터넷 기반의 지식정보를 기반으로 한 3차 산업혁명시대에 경제가 보다 복잡화 되고 기업 간 경쟁이 격화되면서 경쟁에서 살아남기 위한 목적의 일환으로 경영학은 각광을 받기 시작했다. 사물인터넷, 클라우드, 빅데이터, 인공지능의 기술을 바탕으로 한 21세기 4차 산업혁명 시대에서도 경제성 원칙을 기반으로 한 경영의 효율성efficiency을 강조한 경영학은 매우 중요한 역할을 할 것이다. '경영'이란 다른 사람들과 함께 그리고 다른 사람들을 통해서 효율적 및 효과적으로 일이 이루어지게 하는 과정이기 때문이다.

'경영학의 아버지'로 불리며 "경영학은 곧 인문학"이라는 경영철학을 가진 피터 드러커는 '경영'은 아주 평범한 사람을 모아서 체계적 이론을 설명해 비범한 결과를 달성하게 하는 것으로 지식근로자의 창의성이 더 필요한 시대가 되었음을 강조하였다. 또한 미래는 예측하는 게 아니라 '지금' 만들어야 하는 것이라고 하여 위기 상황일수록 '기업가 정신'이 필요하다는 것을 강조하였다. 이처럼 경영과 경제의 본질을 논하는 글과 지식이 필요한 이 시대에 서점의 경제코너는 '재테크'와 '비트코인'등의 실용서로 가득 차 있고, 그나마 책을 읽는 사람들은 점차 줄어들고 있는 현실이 저자는 매우 안타까웠다. 오랜 기간 동안 회계 강의 및 콘텐츠 사업을 하고 있는 저자는 빠른 변화와 불확실성이 지배하는 이 시대에 살고 있는 젊은이들과 청소년들에게 경영학적 통찰력이 반드시 필요하다는 것을 절감하여 '만화로 보는 에피소드 경영학 시리즈'를 출간하게 된 것이다.

 만화로 보는 에피소드 경영학은 시리즈로 구성되며 1권 '자동차'는 8개의 장으로 되어 있다. 각 장은 만화로 보는 에피소드, 기업의 경영학, 에피소드 플러스 및 비즈니스 인사이트로 구성되어 있다. '만화로 보는 에피소드'는 자동차 기업 및 경영자의 스토리를 만화로 쉽게 재미있게 즐길 수 있게 만들었고, '기업의 경영학'은 자동차 기업의 역사를 화려한 사진과 함께 구성하여 자동차 잡지를 읽듯이 가볍게 자동차 기업의 경영학적 역사를 파악하도록 하였다. '에피소드 플러스'에서는 자동차 기업의 경영학적 의의나 경쟁기업에 대한 이야기를 기술하였으며, '비즈니스 인사이트'에서는 자동차 기업의 스토리에서 배울 수 있는 경영전략, 마케팅, 생산관리, 인사관리 및 재무 등에 대한 통찰력을 제시하고 있다.

　기존의 경제학 또는 경영학 도서가 이론적인 내용만을 강조하다 보니 다양한 콘텐츠를 소비하는 독자들이 단조롭고 지루하게 느끼어 외면하는 것을 보완하기 위하여 만화 및 다양한 시각적 효과로 이 책을 즐길 수 있게 노력을 하였으며, 제일 중요한 경영학적 통찰력을 전달하려고 노력을 하였다. 이러한 저자의 진심어린 시도가 부디 독자들에게 일생의 벗이 되어 창조적 지식과 통찰력을 제공하는데 도움을 주었으면 하는 바람이다.

2018년 6월
김용석

Prologue

"스포츠든 기업이든, 리더십과 전략은 고급의 세계로 가면 다 통한다."
세계 자동차 기업들의 첨단 기술 경연장인 포뮬러 원(F1)의 기술은 엔진, 조향(操向),
디자인 등 눈에 보이는 부분에서 발전했을 뿐만 아니라
소프트웨어, 데이터 관리·분석에서 더 큰 혁신이 일어났다.

Formula One World Championship

최고의 속도에 도전하는 포뮬러 원(F1)

포뮬러(formula)는 국제자동차연맹이 매년 발표하는 배기량·규격·타이어·차체 사이즈 등 차량의 규격을 말합니다.

이 규격은 대량 생산되는 자동차가 아닌 자동차 경주만을 위해 제작되는 자동차에 적용하죠. 이러한 자동차로 열리는 자동차 경주를 '포뮬러 경주'라고 부릅니다.

FIA : Federation International Automobile(국제자동차연맹)

포뮬러 경주의 관람객들은 굉음을 내며 시속 300Km를 넘나드는 스피드로 내달리는 차량들의 박진감 넘치는 레이스를 즐길 수 있습니다.

경주에 참가하는 자동차들은 공기저항을 최소화하고 코너링을 할 때도 속도가 줄어들지 않도록 차체가 낮게 설계되어 있고, 바퀴는 아예 차체 밖으로 돌출되어 있죠.

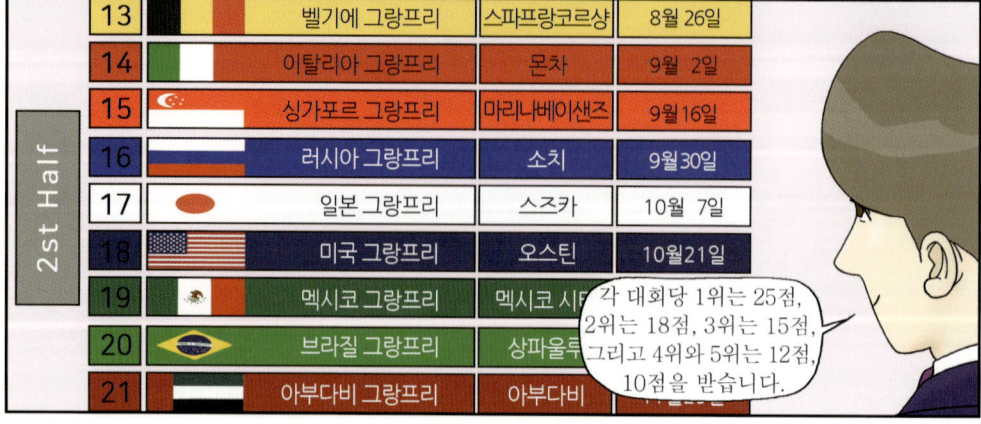

21세기에 접어들면서 환경 문제에 대응하기 위해 배기량도 규제 대상이 되었다. 그리고 각종 비용 절감 등과 맞물리면서 이 같은 규제 흐름은 더욱 심해졌다.

이런 제약에도 불구하고 F1으로 인한 자동차 기술 발전은 계속됩니다.

이때부터는 전보다 적은 부품, 적은 연료, 그리고 적은 배기량으로 같은 스피드를 내기 위한 효율성 향상의 싸움이 되었죠.

'드라이빙 머신'이라 불리는 경주용 차는 F1을 모터스포츠계의 왕좌에 올려놓은 핵심적 흥행요인이다.

일반적으로 이 경주용 차는 배기량이 2,400cc이며, 최고 출력은 750마력으로 제작비는 100억 원 이상입니다.

2,400cc라면 현대자동차의 그랜저보다 못한 배기량이죠.

일반 승용차가 드라이빙 머신과 같은 출력을 내려면 6,000cc 이상이 요구됩니다.

이 머신은 실제 레이스에서 최고시속을 355km까지 기록한 바도 있죠.

드라이빙 머신이 만약 회전, 굴절코너 없이 직선코스만 달린다면 이론상으로 시속 400km 이상도 돌파가 가능하다.

순발력도 뛰어나 정지 상태에서 출발해 시속 160km까지 가속하고 다시 완전히 멈춰서는 데 걸리는 시간이 5~6초 정도이다. 1분당 엔진 회전속도인 rpm도 17,000에 이르는데, 일반 승용차는 7,000rpm을 넘기는 경우가 드물다.

자동차 경주의 매력은 소리에 있다는 말이 있습니다. 이 소리는 엄청난 엔진 회전속도 때문에 생기죠.

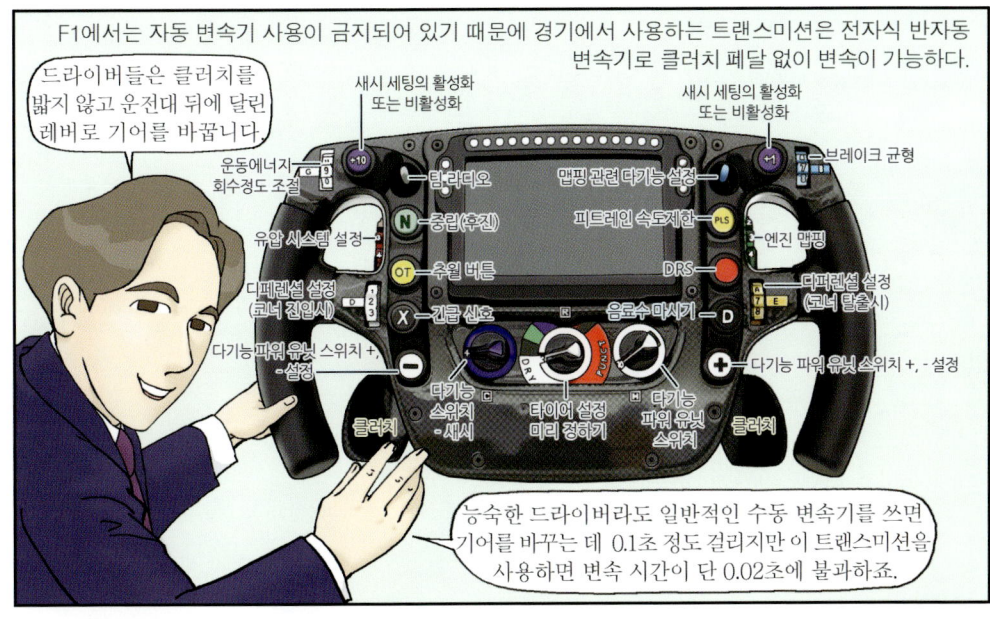

배기량이 2400cc로 묶인 것은 2008년부터이다. 1990년대 까지만 해도 3,500cc이었고, 2000년이 넘어서는 3,000cc에 1,000마력을 내는 엔진이 사용되었다.

그야말로 제조사들의 자존심을 건 무한투자의 결과였죠. 문제는 자존심을 위한 비용이 지나치게 비쌌다는 것입니다.

이 때문에 FIA는 비용 절감을 위한 제한규정들을 속속 내놓았고, 그 결과로 배기량이 지금과 같은 2400cc로 줄어들었죠.

또한 매 경기마다 새 엔진을 얹어 왔던 관행에도 제동이 걸립니다. 현행 규정은 드라이버 1명이 한 시즌에 쓸 수 있는 엔진을 8개 이하로 제한하고 있죠.

그래도 현재 엔진의 출력이 약 750마력에 8기통으로 실린더 1개 당 93마력 정도의 출력을 내고 있습니다. 이것은 실린더 하나가 소형 승용차 한 대 이상의 힘을 내는 셈이죠.

Formula One World Championship | 27

Formula One World Championship | 29

Tesla Motors debut 'Tesla Roadster' 2008
테슬라 모터스의 데뷔작 '테슬라 로드스터' 2008

chapter **1**

전기자동차를 넘어
지속가능한 세상을 여는
미래의 자동차, 테슬라

Tesla

- 01. 만화로 보는 에피소드 – 테슬라
- 02. 테슬라의 경영학
- 03. 에피소드 플러스 – 유튜브의 스티브 첸, 링크드인의 리드 호프만
- 04. 비즈니스 인사이트 – 테슬라의 수직적 통합

01

만화로 보는
에피소드
테슬라

엘론 머스크
Elon Musk

"실패는 하나의 옵션이다. 만약 실패를 겪지 않았다면
당신이 충분히 혁신적이지 않았다는 증거다."
Failure is an option here. If things are not failing, you are not innovating enough.

페이팔은 1998년 엘론 머스크와 피터 씨엘 등이 창업한 인터넷 결제서비스를 제공하는 회사인데, 머스크는 이 회사로 28세에 백만장자가 될 수 있었죠.

페이팔 창업자들은 페이팔 마피아라고 불릴 정도로 실리콘밸리에서 파워그룹으로 성장하는데,

머스크 외에도 유튜브의 스티브 첸, 채드 헐리와 링크드인의 리드 호프만이 있습니다.

컨베이어벨트의 비인간성을 비판했던 찰리 채플린이 이 모습을 보면 생각이 좀 달라질까요?

로봇이 움직이기 쉬운 레이아웃으로 공정을 설계해서 위에 설치돼 있던 철이나 기계들도 모두 사라졌네요.

Timeline

Elon Musk

1971년	남아프리카공화국에서 출생
1999년	온라인 금융회사 엑스닷컴(X.com) 설립
2000년	페이팔의 전신인 콘피니티 인수
2002년	페이팔을 이베이에 15억 달러에 매각
2002년	우주개발회사 '스페이스 X' 설립
2003년	'테슬라 모터스' 설립

Tesla

2003년	엘론 머스크 '테슬라 모터스' 설립
2008년	전기자동차 '테슬라 로드스터(Tesla Roadster)' 출시
2012년	세단형 전기자동차 'Model S' 출시
2015년	SUV 전기자동차 '모델 X' 출시
2016년	보급형 전기자동차 'Model 3' 출시. 태양광 회사 '솔라시티' 인수
2017년	'테슬라'로 사명 변경. 시가총액 기준 GM과 포드를 추월하고 미국 자동차 1위 등극

"테슬라(Tesla)는 2003년에 설립된 미국의 전기자동차 회사로 사명은 전기공학자인 니콜라 테슬라의 이름에서 유래했다."

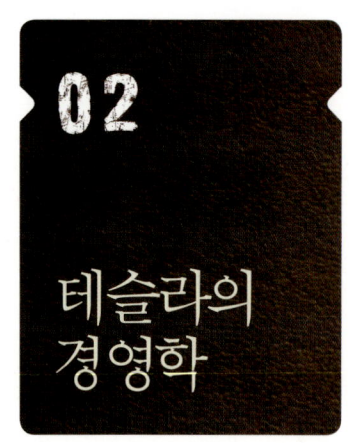

02
테슬라의 경영학

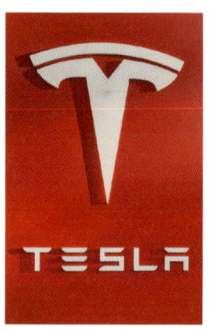

Tesla 자동차회사의 엠블럼.
테슬라를 상징하는 'T'로고는 'Tesla'에서 따온 것이 아닌 테슬라 전기 모터의 단면에서 가져온 것이다.

미래에 투자하고 상상에 도전하는 CEO, 엘론 머스크

테슬라는 누가 뭐래도 전기자동차의 대중화를 이끌고 있는 회사이다. 2003년 기업가이자 엔지니어이며 또한 발명가인 엘론 머스크Elon Musk가 미국 팰로앨토에 설립한 이래 전기자동차만 전문으로 생산하는 테슬라가 제너럴 모터스GM와 포드를 제치고 시가총액 면에서 미국 자동차 업계 1위로 올랐다. 매출액으로만 보면 테슬라는 GM이나 포드보다 작으며, 게다가 창립 이래 단 한 번도 흑자를 내지 못했다. 그러나 테슬라에 대한 평가는 상당히 호의적이다. 《타임》지는 CEO인 엘론 머스크를 최고의 인물로 뽑는가 하면, 버락 오바마 전 대통령은 머스크를 직접 찾아가 격려하기도 했다. 매출액 대비 영업이익률이 마이너스가 되어 '돈 먹는 하마'라는 불명예스러운 별명까지 얻은 테슬라가 이렇듯 인기를 넘어 찬사의 대상이 된 이유는 무엇일까?

테슬라는 창립자이자 CEO인 엘론 머스크를 빼놓고는 얘기할 수 없다. 로버트 다우니 주니어가 연기한 영화 〈아이언맨〉의 주인공 토니 스타크의 실제 모델이 바로 엘론 머스크이다. 그는 1971년 남아프리카공화국 프리토리아에서 전기 엔지니어 출신인 아버지와 캐나다 모델 출신 어머니 사이에서 태어났다. 여덟 살 때 부모가 이혼하자 줄곧 어머니의 손에서 컸다. 그는 어릴 때부터 소프트웨어 개발에 소질을 보였는데, 열두 살 때 '블래스타 Blastar'라는 비디오게임을 개발해 500달러에 판매할 정도였다. 이 아케이드게임에는 우주를 향한 그의 꿈이 고스란히 담겨 있다. 열일곱 살 때 캐나다로 이주하여 미국 펜실베이니아 대학에서 학사

엘론 머스크는 행동하는 천재 사업가로 '안 될 게 뭐람(Why not)' 정신과 혁신적 기술력을 바탕으로 전기자동차의 고급화와 대중화에 이바지하고 있다.

학위를 받고 스탠포드대학 대학원에 합격했지만 당시 세계적 열풍이 불기 시작한 인터넷의 세계에 흠뻑 빠져든 그는 대학을 중퇴하고 실리콘밸리로 향했다.

실리콘밸리에 정착한 엘론 머스크의 첫 도전은 Zip2와 엑스닷컴X.com이었다. 하지만 그에게 오늘의 성공을 가져다준 아이템은 '페이팔PayPal'이다. 엘론 머스크는 2000년 3월 페이팔의 전신인 콘피니티를 인수했다. 페이팔은 인터넷에서 전자상거래를 할 때 필요한 서비스를 제공하는 서비스로, 결제 시에 신용카드나 계좌번호를 저장하거나 노출하지 않아 상거래 이용자에게 보안에 대한 걱정을 덜어주는 것이 장점이었다.

페이팔은 대성공을 거두었다. 2002년 전자상거래 기업인 이베이eBay는 무려 15억 달러를 주고 페이팔을 사들였다. 엘론 머스크는 1억 6,500만 달러를 받아 20대의 청년 재벌이 됐다. 엘론 머스크와 함께 당시 페이팔을 이끌었던 이들은 후에 '페이팔 마피아'로 불리며 미국 IT업계의 주류가 되었다. 페이팔 공동창업자 피터 세엘, 천재 엔지니어 맥스 레브친, 유튜브를 만든 엔지니어 스티브 첸과 채드 헐리, 링크드인의 창업자 리드 호프만이 바로 그들이다.

"창조는 아무나 할 수 없지만, 상상은 누구나 가능하다"

억만장자라는 수식어가 늘 꼬리표처럼 따라붙는 그의 도전은 항상 미래를 향해 있다. 엘론 머스크는 실제 누구도 따라 하기 힘든 선도적인 사업 포트폴리오를, 그것도 여러 개 운영하고 있다. 인류를 화석에너지의 노예에서 벗어나게 해줄 태양광 사업인 솔라시티, 지속가능한 배터리 혁명을 통해 가솔린 엔진을 박물관으로 보내고 무인 주행이 가능한 전기자동차 테

슬라, 인간을 화성에 이주시켜 그곳에 인류의 새로운 터전을 마련하고 이를 위해 화성 왕복 우주 셔틀을 만들겠다는 스페이스 X가 그것이다. 또 음속으로 질주하는 운송수단 개발 프로젝트인 하이퍼 루퍼, 인간의 뇌와 컴퓨터를 결합해 난치병을 치료하고 인류를 '배움의 고통'에서 해방시키겠다는 뉴럴링크 등이 있다. 어느 것 하나 만만하지 않다. 이러한 '무모한 도전'을 즐기고, 두려워하지 않는 것이 엘론 머스크이다.

페이팔에서 엘론 머스크와 함께 근무한 유튜브 창업자 스티브 첸은 그에 대해 이렇게 말한다.

"어느 누가 그 많은 돈을 벌고 번 돈 전부를 새로운 사업에 투자할 수 있겠어요? 저는 유튜브 매각으로 많은 돈을 벌었지만 계속 미디어 사업을 할 생각이에요. 엘론 머스크처럼 새로운 분야에 자신의 모든 것을 계속 던지는 사람은 본 적이 없어요. 그는 미래에 대해 뚜렷한 생각을 지니고 있고 그것을 강하게 믿어요. 웬만한 신념 없이는 못 할 일이에요."

엘론 머스크는 일주일에 100시간

이상을 일하는 일 중독자이다. 830만 명의 트위터 팔로워를 거느리면서 소셜 미디어를 통해 자신의 꿈과 도전을 알리고 있다.

"정말 열심히 일해라. 일주일에 80시간에서 100시간가량을 투입해라. 이러한 노력이 당신을 성공 가까이에 가도록 해줄 것이다. 만약 다른 친구들이 일주일에 40시간을 투입하고, 당신이 같은 일에 100시간을 투입했다면, 당신은 남들이 일 년 걸릴 일을 4개월 만에 달성할 수 있을 것이다."

"끈기는 정말 중요하다. 절대 포기해서는 안 된다. 당신이 만약 누군가로부터 그만두라고 강요받지 않는 이상 말이다."

"창조는 아무나 할 수 없다. 하지만 상상은 누구나 가능하다. 그 상상에 가치가 있다면 먼저 불가능과 실패를 생각하지 말고 도전해야 한다. 그러면 인류의 미래는 좀 더 희망적이고 바람직한 방향으로 갈 것이다."

누가 뭐라 하든 그는 그가 꿈꾸는 미래를 향한 새로운 역사를 써 나가고 있다.

전기자동차의 포르쉐, '로드스터'

'테슬라 모터스'라는 이름은 오스트리아-헝가리 제국 출신의 발명가이자 전기 공학자인 니콜라 테슬라에서 따왔다. 오늘날 상업전기의 토대를 마련한 니콜라 테슬라가 개발한 교류 유도 모터로 스포츠카를 만들겠다는 계획이 테슬라 모터스의 최초 목표였기 때문이다. 니콜라 테슬라의 꿈과 비전을 실현하겠다는 의지의 표상이다. 테슬라 모터스는 2006년 전기 스포츠카 '로드스터'를 처음 선보인 후 2008년부터 생산을 시작했다. 프리미엄 세단 '모델 S'를 만들어 판매하고 있으며, 최근에는 SUV 차량인 '모델 X'를 공개했다. 테슬라는 다른 자동차 회사에 전기자동차 동력장치인 '파워 트레인'을 판매하고 있기도 하다.

테슬라 모터스의 첫 출시 제품인 '테슬라 로드스터'는 오랜 전통의 자동차 제작사 로터스의 엘리스를 기반으로 만든 모델이다. 기존 전기자동차에 쓰이던 리튬폴리머전지 대신 노트북에 들어가는 소형 리튬이온전지 6,000개 이상을 연결하는 전기를 사용했다. 로드스터는 한 번 충전해서 394km까지 주행할 정도로 뛰어난 성능을 자랑한다. 10만 달러 대의 고가 스포츠카인 테슬라 로드스터는 최초의 전기자동차라는 의미가 크다. 테슬라 모터스는 기술적인 부분뿐 아니라 디자인에도 많은 투자를 했다. 로드스터는 현재 판매가 중단된 상태이기는 하지만 총 2,400대 이상이 판매되었다.

테슬라 로드스터

2008년 리먼 브라더스발 금융위기가 발생해 전 산업에 적신호가 켜졌고 주문받은 로드스터 1,200대를 제때에 출시하지 못하자 시장에서는 테슬라가 곧 도산할 것이라는 소문이 퍼졌으나 엘론 머스

충전 중인 테슬라 전기 자동차

크는 1,200대에 대한 예약금 전부를 자신이 보증하겠다는 초강수로써 위기를 잠재웠다. 2009년에는 독일의 자동차제조사 다임러가 테슬라에 투자하면서 2010년, 나스닥에 상장되었다.

2012년 테슬라 모터스는 중형 세단인 '모델 S'를 내놓았다. 보다 완벽한 전기자동차를 만들기 위해 근본부터 다시 설계한 모델 S는 4도어 자동차의 개념을 완전히 새롭게 정의한 제품이다. 중형 세단의 안락함과 편의성을 갖춘 것은 물론, 단 5초 만에 시속 100km까지 가속하는 스포츠카 수준의

《컨슈머 리포트》가 선정한 미국 최고의 자동차 '모델 S'

가속력을 갖추고 있다. 한 번 충전해서 426km를 달릴 수 있고 충전시간 또한 더 짧게 줄였다. 이로써 전기자동차는 도심에서 단거리 운행을 위한 것이라는 기존의 상식을 뛰어넘어 장거리 운행도 얼마든지 가능하다는 인식을 새롭게 심어 주었다.

모델 S에 장착된 17인치 터치스크린으로 현재 위치를 알 수 있는 것은 물론 주변 상황까지 파악할 수 있다. 미디어, 내비게이션, 웹, 카메라, 전화 기능 등 차량 전체 기능을 터치스크린으로 통제하고 조작할 수 있다. 향후 소프트웨어 업데이트만으로 완벽하게 자율주행 기능이 가능하도록 테슬라 모터스의 기술 개발은 계속되고 있다.

모델 S는 시장에서 엄청난 호평을 받았으며, 2013년 테슬라 모터스의

주가는 급상승했다. 2013년 소비자 전문지 《컨슈머 리포트》는 모델 S를 미국 최고의 자동차로 선정했다. 모델 S는 7만 달러가 넘는 가격에도 불구하고 2015년 말 누적 판매량 10만 대를 돌파했다.

모델 S의 연간 유지비용은 한 달에 90달러(약 10만 원) 정도이다. 전기료, 수리비, 세금까지 모두 포함된 금액이다. 무엇보다 내연기관이 없기 때문에 엔진오일을 비롯해서 각종 오일, 소모품 비용이 거의 발생하지 않는다. 세금 역시 세제 혜택을 받아 거의 내지 않는다. 8년간 보증되는 배터리 문제로 인한 비용도 거의 없다. 나아가 모델 S는 미국 소속도로교통안전국 NHTSA의 안전성 평가에서 5.4점을 받았다. NHTSA의 만점은 5점이

충전중인 테슬라 전기 자동차

다. 그럼에도 불구하고 5.4점이 나온 이유는 모델 S가 항목에 나오지 않은 지표까지 탑재해서 추가점을 받았기 때문이다. 게다가 미국《컨슈머 리포트》평가에서 100점 만점에 103점을 기록해 계속해서 새로운 평가항목 수치를 넘어서고 있다.

테슬라는 2016년 보급형 전기자동차인 '모델 3'를 출시했다. 한 번 충전으로 346km까지 주행할 수 있어 모델 S보다는 성능이 떨어지지만 가격은 훨씬 저렴하다. 미국 기준으로 가격이 3만 5,000달러에 머문다. 테슬라가 내놓은 SUV 전기자동차인 '모델 X'의 경우 최고 시속 250km로 한 번 충전해서 400km를 주행할 수 있다. 가격은 1억을 훌쩍 넘는다. 모델 3는 모델 S나 모델 X의 반값 수준인 데다 정부의 세제 혜택까지 받으면 가격은 3만 달러 이하로 내려간다. 모델 3는 사전계약에서 36시간 만에 25만 대가 계약되는 등 유례없는 반응을 보이고 있으며, 1,000달러씩 선금을 지불한 예약 대수만 해도 50만 대에 이른다.

모델 3

모델 X

매년 전기자동차 50만 대분의 배터리를 생산할 '기가팩토리'

테슬라는 모델 S와 모델 X에 파나소닉의 18650 원통형 리튬이온 이차전지를 사용한다. 밀도가 낮은 18650 배터리는 노트북, 무선청소기에 사용되는 배터리이다. 하지만 모델 S는 18650 건전지 66개의 셀을 병렬로 연결한 그룹 6개를 배치해 총 396개가 들어 있는 모듈을 14개 사용한다. 모델 S 한 대에 총 5,544개의 18650 배터리가 장착되는 것이다.

테슬라는 파나소닉과 합작으로 미국 네바다주에 세계 최대 규모의 배터리 공장인 기가팩토리를 2020년 완공을 목표로 건설하고 있다. 기가팩토

2020년 완공을 목표로 건설 중인 테슬라의 기가팩토리

리는 2020년부터 매년 전기자동차 50만 대에 들어갈 이차전지를 직접 생산하게 된다. 이로써 차량용 배터리 가격은 30% 정도 하락할 전망이다. 전기자동차 가격의 40%가 배터리 가격임을 감

사전계약에서 36시간 만에 25만 대가 계약되는 등 유례없는 반응을 보이고 있는 '모델3'

안할 때 전기자동차 가격 역시 12% 정도 하락할 것으로 예측된다.

테슬라는 차종에 따라 70kWh, 85kWh, 90kWh 등 총 3종의 배터리를 사용하고 있는데, 가정에서 사용할 수 있는 완속 충전기로 완전히 충전하기까지 약 17시간이 걸린다. 하지만 테슬라가 제공하는 '슈퍼 차저'라는 충전 방식을 이용하면 20분 만에 50%까지 충전할 수 있다. 테슬라는 현재 전 세계에서 슈퍼 차저 서비스를 제공하고 있으며, 테슬라 고객은 무료로 이용할 수 있다.

테슬라는 전기자동차 시장 자체를 키우는 장기적인 관점으로 사업을 확장하려고 한다. 슈퍼 차저의 특허를 무상으로 개방한 것이 그 예다. 경쟁사들도 라이선스 비용 없이 테슬라의 특허를 얼마든지 이용할 수 있게 했다. 이를 통해 전기자동차 시장이 확대되는 것이 결국에는 테슬라에 이익이 된다는 생각에서이다.

테슬라가 무인 전기자동차를 본격적으로 선보이게 될 날도 머지않은 듯하다. 테슬

라의 도전은 여기에서 머물지 않는다. 진공 튜브를 연결해 미국 서해안 도시를 시속 1,000km로 달리는 열차를 고안한 것이다. 엘론 머스크는 여기에 '하이퍼루프Hyperloop' 교통 시스템이라는 이름을 붙였다. 열차가 달리는 진공 튜브는 태양광 에너지를 이용해 자가발전이 가능하도록 한다는 것이 그의 설명이다. 그는 나아가 지상에서는 차로, 바다나 강에서는 잠수함이 되는 전기자동차를 만들겠다고 발표한 바 있다. 전기자동차를 넘어서 모든 형태의 이동수단을 통해 더 편리하고 지속 가능한 미래를 열려는 테슬라의 도전은 언제까지고 계속될 것으로 보인다.

에피소드 Plus+

유튜브의 스티브 첸, 링크드인의 리드 호프만

실리콘밸리를 뒤흔드는 페이팔 마피아

'페이팔 마피아'란 2002년 전자결제 시스템인 페이팔을 이베이에 매각해 마련한 자금으로 벤처기업을 설립하거나 벤처기업에 투자한 페이팔 출신 인사를 뜻한다. 테슬라의 CEO 엘론 머스크, 링크트인 Linkedin 설립자 리드 호프만, 유튜브 설립자 스티브 첸, 미국 리뷰 사이트 옐프 창업자 제러미 스토플먼이 페이팔 마피아로 불리는 이들이다. 이들은 창업과 벤처 투자 등을 통해 실리콘밸리에서 큰 영향력을 미치

스티브 첸

고 있다.

명실공히 동영상 콘텐츠의 대명사로 불리는 유튜브는 페이팔 마피아 가운데 한 명인 스티브 첸이 설립한 회사이다. 1978년 대만 타이베이에서 태어난 스티브 첸

은 여덟 살 때 부모를 따라 미국 일리노이로 이민을 갔다. 고등학교 때부터 컴퓨터에 관심이 많았던 그는 일리노이대학 컴퓨터학과에 입학했지만 곧 컴퓨터에 빠져 대학을 중퇴하고 1999년 실리콘밸리로 갔다. 그가 실리콘밸리에서 입사한 회사가 바로 페이팔Paypal이다. 그러나 페이팔이 이베이에 인수되고 기존의 틀에 얽매인 기업으로 바뀌자 2005년 초, 페이팔을 떠나 유튜브를 창업했다.

유튜브의 탄생은 아주 작은 계기에서 비롯됐다. 친구와 함께 찍은 동영상을 공유하고 싶었지만 막상 이렇다 할 방법을 찾지 못한 것이다. 이에 스티브 첸과 그의 친구들은 실리콘밸리의 허름한 차고에서 1,150달러를 시작으로 동영상 공유사이트 유튜브 YouTube를 창업했다. 모든 사람을 뜻하는 You와 TV를 뜻하는 Tube를 붙여 '모든 사람의 TV'라는 의미의 YouTube라는 이름을 붙였다. 하지만 유튜브는 그다지 사람들의 관심을 끌지 못했다. 스티브 첸 등은 사이트를 사용자들에게 맡기기로 했고, 유튜브는 자연스레 콘텐츠를 생산하는 사이트로 바뀌었다. 그 파급력은 어마어마

리드 호프만

테슬라 Tesla | 61

했다. 개방성이 유튜브를 강력한 수단으로 만든 것이다. 2006년, 구글은 16억 5,000만 달러에 유튜브를 인수했다.

링크드인은 페이팔의 부사장을 역임한 리드 호프만이 2002년 설립한 회사다. 온라인상에서 사람들을 서로 '연결'하는 서비스 플랫폼 개발을 구상해 오던 그는 페이팔을 이베이에 매각하는 과정에서 얻은 수익으로 링크드인을 설립했다. 링크드인은 전 세계 5억 명 이상이 이용하는 세계 최대의 글로벌 비즈니스 인맥 사이트이다. 월간 이용자 수는 2억 5,000만 명에 이르며, 1,000만 개 이상 일자리 목록과 900만 개 이상의 기업 목록을 보유하고 있다. 또한 매주 10만 개가 넘는 사업 분석글이 게재되고 있다. 페이스북이나 트위터와 달리, 링크드인은 구인·구직 관련 정보 교환을 위해 기업과 직장인들이 꾸준히 이용하는 서비스이다. 최근에는 기업인들이 바이어를 발굴하거나 신규 시장을 개척하고 비즈니스 파트너를 물색하는 허브로서 활용되고 있다. 2016년 마이크로소프트사는 260억 달러[31조 원]를 주고 링크드인을 인수하였다.

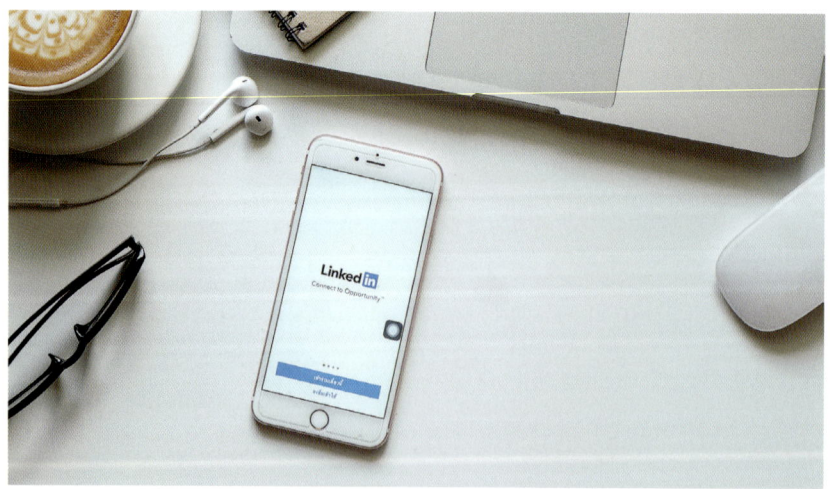

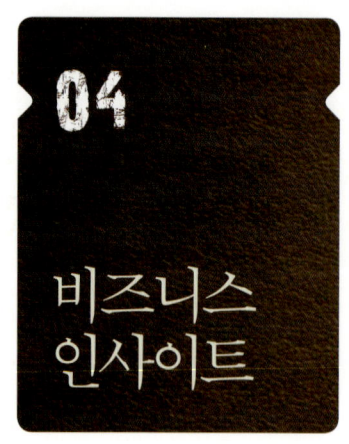

테슬라의 수직적 통합

테슬라는 전지팩사업, 기가팩토리Gigafactory 및 솔라시티SolarCity를 통하여 자동차 제조에서 충전 인프라, 에너지 생산 및 거래 서비스 등을 한꺼번에 하는 수직적 통합전략을 펼치고 있다. 수직적 통합vertical combination전략이란 원재료의 구입에서 최종제품의 생산 및 판매에 이르는 전체적인 공급과정에서 기업이 일정 부분을 통제하는 전략으로 전방통합과 후방통합의 두 가지로 구분할 수 있다. 전방통합Forward Integration은 기업이 유통부문에 대한 소유권과 통제능력을 갖는 것이며 후방통합Backward Integration은 기업이 부품과 원료와 같은 투입요소에 대한 소유권을 갖고 통제 능력을 갖는 것으로 테슬라는 후방통합전략을 취하고 있다.

전지팩사업

2015년 테슬라는 전력저장용 전지팩 사업을 진출하면서 기존 전기차사업과 구분하여 'Tesla Energy'라는 영역을 새로 만들었다. 테슬라는 전력을 저장했다가 필요시 공급하는 시스템인 주택용 전지팩 '파워월'과 빌딩용 전지팩 '파워팩'을 공급하고 있다.

기가팩토리

테슬라는 세계 연간 리튬이온 전지 수요량 전체와 맞먹는 전지공장을 2020년까지 만들겠다는 계획으로 세계 최대 전지 공장인 기가팩토리를 오픈하였다. 테슬라는 기가팩토리를 통해 kWh당 200달러인 전지가격을 2020년까지 kWh당 100달러로 만들겠다고 공언하였으며, 이러한 전지가격 하락은 전기차의 가격 경쟁력 상승으로 연결되어 전기차 확산에 결정적인 역할을 할 것이다.

솔라시티

2016년 테슬라는 태양광 발전 서비스 기업인 '솔라시티'를 인수하면서 사업영역을 확대하는 것을 대비하여 사명을 '테슬라 모터스'에서 '테슬라'로 변경하였다. 테슬라는 '지속가능한 에너지 미래를 선도'하겠다는 일관된 메시지를 강조하여 왔는데, 솔라시티 인수로 태양광 발전 설비 구축, 발전 및 거래 서비스를 망라하게 되어 지속가능한 에너지 미래 구현을 가속하는 데 필요한 기초적인 요소들을 모두 모은 것이다.

Mercedes Benz F800 style

플러그인 하이브리드에 수소연료전지를 결합한 하이브리드카

chapter 2

최고가 아니면
만들지 않는다!
최초이자 최고의 자동차 벤츠

Benz

- 01. 만화로 보는 에피소드 – 벤츠
- 02. 벤츠의 경영학
- 03. 에피소드 플러스 – 세기의 라이벌, BMW vs 벤츠
- 04. 비즈니스 인사이트–실패한 M&A

01

만화로 보는
에피소드
벤츠

칼 프리드리히 벤츠
Karl Friedrich Benz

"발명에 대한 열정은 결코 잠들지 않는다."

칼 벤츠는 1844년에 독일 남부에 있는 '카를스루에(Karlsruhe)'라는 도시에서 태어났습니다.

그의 아버지는 철도 기관사였는데, 안타깝게도 칼이 두 살 때 사망하게 된다.

KARLSRUHE HBF

칼은 13세에 증기기관을 접한 후 자동차에 대한 꿈을 꾸기 시작했습니다.

그는 자동차의 시동을 걸기 위해 자체적으로 개발한 새로운 배터리 점화 장치도 사용합니다.

칼 벤츠와 베르타 벤츠는 새로운 재정 지원자와 파트너, 은행의 도움으로 회사를 공개유한 책임회사로 변경하고 회사명도 '가스 자동차 만하임'으로 개명합니다.

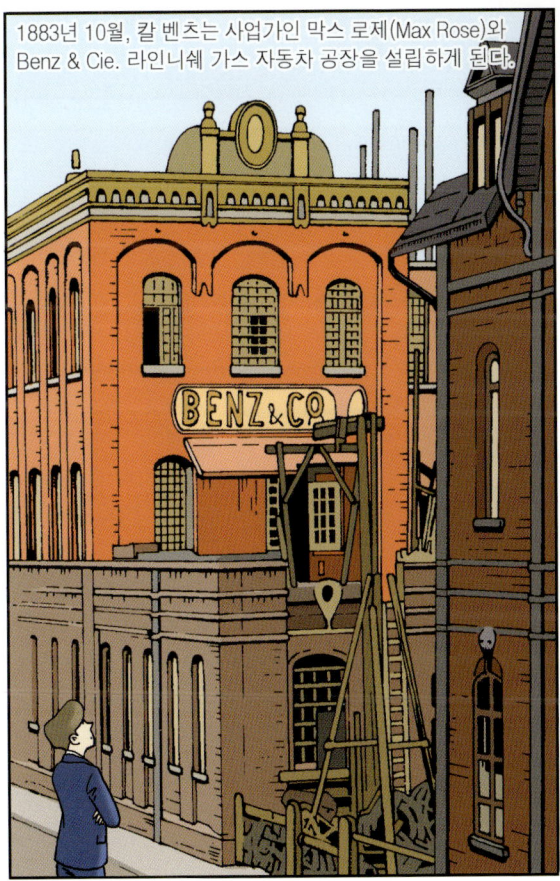

1886년, 드디어 칼 벤츠는 최초의 가솔린 자동차라 할 수 있는 '벤츠 파텐트 모터바겐'을 대중에게 발표한다.

다임러와 벤츠는 자동차 시장과 자동차 경주에서 맞닥뜨리면서 경쟁 상대가 되었다. 레이스에 관심이 많았던 다임러는 스피드에 주목했고, 벤츠는 기술과 안전에 더 많은 신경을 썼다.

벤츠가 경쟁에서 밀리기 시작한 건 다임러가 1902년에 개발한 '메르세데스'의 인기 때문입니다.

스페인어로 '우아함'을 뜻하는 메르세데스는 DMG의 오스트리아 판매대리인 '에밀 옐리네크'의 요청에 따라 만들어진 자동차였죠.

에밀 옐리네크는 본사에 '나는 애벌레가 아니라 나비를 원한다.'라며, 보다 빠르고 진보된 차를 만들어 달라는 내용의 편지를 보낸다. DMG의 요청을 받은 빌헬름 마이바흐는 저중심 압축 프레임, 강력한 엔진, 벌집 모양의 라디에이터를 갖춘 최고의 차를 만든다.

이에 크게 감동한 옐리네크는 자신의 딸 이름인 메르세데스를 차 이름에 붙였고, 이후 이 차는 자동차 경주에서 명성을 떨치죠.

플래그십(Flagship)
: 함대의 선두에서 전투를 지휘하는 기함을 뜻하는 용어로, 시장에서는 카메라·자동차 등 다양한 제품의 최상의·최고급 기종을 지칭한다.

2003년 출시한 CLS클래스는 기존의 '쿠페는 2도어'라는 공식을 깨고 최초로 내놓은 4도어 쿠페이다.

1998년, 다임러-벤츠는 미국 자동차 업계 3위인 크라이슬러를 인수합니다.

회사명도 '다임러-크라이슬러'로 바뀌죠. 이로써 벤츠도 중저가 승용차 시장에 진출하게 됩니다.

하지만 미국과 독일의 이질적인 문화는 조직원 간의 충돌과 불화를 낳는다.

결국 합병에 따른 시너지 효과는 고사하고 벤츠가 벌어들인 돈은 크라이슬러가 고스란히 까먹어 버렸죠.

결국 다임러-크라이슬러는 2007년, 크라이슬러 지분의 80%를 사모펀드에 매각하고 '다임러 AG'로 거듭납니다.

혁신기술 개발을 위한 메르세데스-벤츠의 노력은 쉴 틈 없이 계속된다.

운전자의 생명을 구하는 데 크게 이바지한 안전띠, 에어백, ABS, EPS, 프리 세이프 기술은 모두 메르세데스-벤츠가 세계 최초로 자동차에 적용한 기술이다.

메르세데스-벤츠는 1930년대 말 강화 측면 보호대와 안전 도어 잠금장치를 개발했고, 1951년에는 충돌 사고 때 엔진이 밀려나면서 승객이 다치지 않도록 하는 안전차체를 개발해 냈다.

1959년에는 세계 최초로 안전띠를 차량에 장착하고 차량 충돌 테스트를 실시했다. 1967년부터는 에어백 개발에 착수, 1980년 자동차 업계 최초로 'S클래스'에 안전띠와 함께 에어백을 장착해 출시했다.

1978년, 메르세데스-벤츠는 자동차가 급제동할 때 바퀴가 잠기는 현상을 막는 특수 브레이크 'ABS' 기능을 세계 최초로 적용했다.

1995년에는 차량 속도와 회전, 미끄러짐을 스스로 감지하는 'ESP'를 역시 세계 최초로 선보였죠.

2002년에는 S클래스에 주행 상황을 모니터링하여 사고를 미리 감지하고 스스로 예방하는 '프리 세이프' 시스템을 적용했다.

메르세데스-벤츠는 이렇듯 선구적 기술력을 바탕으로 끊임없이 자동차 업계에 미래의 비전을 제시하고 있습니다.

ABS(anti-lock brake system), ESP(electronic stability program, 차량자세제어장치)

Timeline

Benz

1844년	칼 프리드리히 벤츠(Karl Friedrich Benz) 독일 출생
1883년	독일 만하임에 최초의 자동차 공장 '벤츠 앤 시에(Benz & Cie)' 설립
1886년	세계 최초의 휘발유 자동차 '벤츠 파텐트 모터바겐' 제작
1890년	다임러와 마이바흐에 의해 '다임러 자동차(DMG)' 설립
1926년	다임러와 벤츠가 합병하여 '다임러-벤츠' 탄생
1929년	칼 벤츠 사망
1936년	세계 최초의 디젤자동차 제작
1959년	세계 최초의 자동차 안전벨트 장착, 세계 최초 차량 충돌 테스트 실시
1978년	세계 최초의 자동차 ABS 장착
1980년	세계 최초 자동차 에어백 장착
1995년	세계 최초 자동차 ESP 장착
1998년	미국의 자동차 기업 크라이슬러와 합병하여 '다임러-크라이슬러'로 변경
2002년	세계 최초로 자동차 프리 세이프(PRE-SAFE) 장착
2007년	크라이슬러 매각 후 '다임러'로 변경

메르세데스-벤츠의 엠블럼

다임러(Daimler AG)는 K.벤츠가 설립한 벤츠와 G.다임러가 설립한 다임러가 합병하여 설립한 독일 자동차 회사이며, '메르세데스-벤츠'는 현재 다임러의 자동차 브랜드이다.

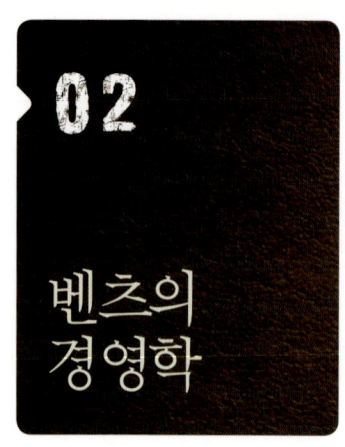

02 벤츠의 경영학

남편이 발명한 세계 최초의 자동차로 장거리 운전에 나선 아내

1886년, 칼 벤츠는 인류 역사를 바꿔놓을 놀라운 발명품을 선보인다. 핸들과 좌석, 세 개의 바퀴가 달린 세계 최초의 휘발유 자동차 '벤츠 파텐트 모터바겐Benz patent-motorwagen'을 내놓은 것이다. '벤츠Benz가 특허Patent를 받은 모터Motor 달린 수레Wagen'라는 뜻을 가진 자동차였다. 하지만 사람들의 반응은 냉담했다. 마차에 익숙했던 그 당시 사람들은 말도 없이 혼자서 털털거리며 달리는 이동수단에 그다지 관심을 보이지 않았다.

풀 죽은 남편을 지켜보던 베르타는 큰 결심을 한다. 1888년, '파텐트 모터바겐'에 14살, 15살 먹은 두 아들을 태우고 만하임에서 100km 거리에 있는 포르츠하임의 친정까지 자동차를 몰고 가기로 한 것이다. 이는 당시로써는 엄청난 모험이었다. 그것도 여자 혼자서 장거리 여행을 하다니…….

베르타 벤츠

베르타는 남편에게는 이 같은 사실을 숨긴 채 라인강을 따라 하이델베르크를 거쳐 비슬로흐까지, 또 카를스루에에서 슈투트가르트 인근 포르츠하임까지 100km가 넘는 거리를 달렸다. 그러고 나서 남편에게 전보를 쳤다. 이때 베르타 벤츠가 '벤츠 파텐트 모터바겐'을 운전하면서 지난 길은 '베르타 벤츠 메모리얼 루트'라는 이름이 붙었고, 베르타는 역사상 최초의 장거리 운전자이자 첫 여성 운전자가 됐다. 또한 무심하던 비평가들과 언론의 마음을 돌리는 결정적 역할까지 해냈다. 칼 벤츠가 위대한 발명가이자 사업가로 우뚝 서는 데 아내 베르타의 역할이 누구보다 컸음은 두말할 나위가 없다.

칼 프리드리히 벤츠Karl Friedrich Benz는 1844년 독일 남부에 있는 카를스루에에서 태어났다. 철도 기관사였던 그의 아버지는 칼 벤츠가 두 살 때 세상을 떠났다. 어려운 살림에도 불구하고 그의 어머니는 아들의 교육만큼은 최선을 다해 지원했다. 카를스루에에 소재한 공과대학을 졸업한 칼 벤츠는 만하임Mannheim의 계량기 공장에서 제도공이자 설계자로 일하면서 '말이 끌지 않는 차'를 개발하겠다는 그만의 꿈을 차분히 키워 나갔다.

베르타 벤츠 메모리얼 루트

칼 벤츠가 만든 최초의 휘발유 엔진 자동차 '벤츠 파텐트 모터바겐'

1871년 칼 벤츠는 기계기술자인 오거스트 리터를 영입해 만하임에 첫 회사를 설립했다. 그러나 오거스트 리터가 그다지 신뢰할 수 없는 파트너라는 사실을 곧 알아차렸다. 칼 벤츠의 약혼녀인 베르타 링거는 결혼지참금을 오거스트 리터에게 주고 그의 지분을 사들였다. 그 이듬해 칼 벤츠는 베르타 링거와 결혼했고, 이후 다섯 명의 자녀를 두어 단란한 가정을 이루었다.

칼 벤츠, 자신이 설립한 회사 '벤츠 앤 시에'를 떠나다

1879년 칼 벤츠는 2년간의 개발 끝에 최초의 소형 2행정 휘발유 엔진으로 특허를 출원하고, 1883년 10월 독일 만하임에 자신의 이름을 딴 세계 최초의 자동차 공장 '벤츠 앤 시에 Benz & Cie'를 설립한다. 그리고 3년 후인 1886년 1월 29일, 최초의 휘발유 자동차 '벤츠 파텐트 모터바겐'으로 특허를 획득한다. '벤츠 파텐트 모터바겐'은 2인승 삼륜 자동차로, 최고 속도는 시속 16km였으며, 독일의 다임러Daimler보다 몇 달 앞서 선보인 최초의 휘발유 엔진 자동차였다. 이어 1893년에는 앞바퀴를 여러 각도로 돌릴 수 있는 두 번째 모델 '빅토리아Victoria'를 출시하고, 1894년에는 세계 최초로 대량 생산된 자동차로 평가되는 세 번째 모델 '벨로Velo'를 개발해 냈다. 사륜 자동차인 벨로는 특히 프랑스에서 엄청난 인기를 끌어 "파리 도심이 온통 벨로로 가득하다."라는 말이 나돌 정도였다.

1899년, 공개유한책임회사로 전환했을 때 '벤츠 앤 시에'는 430명의 종업원과 생산량 572대에 이르는 세계적인 자동차 회사로 성장해 있었다. 그러나 1903년, 메르세데스와의 경쟁을 위해 프랑스 설계자들을 고용한다는 경영진의 방침에 반기를 든 칼 벤츠는 결국 회사를 떠난다. 1906년, 칼 벤츠는 라덴부르크에 그의 아들과 함께 '칼 벤츠 죄네Carl Benz Söhne'사를 설립한다.

앞바퀴를 여러 각도로 돌릴 수 있는 두 번째 모델 '빅토리아'

다임러의 설립과 메르세데스의 탄생

칼 벤츠가 태어나기 10년 전인 1834년, 같은 독일의 쇠른도르프에서 고틀리프 다임러Gottlieb Daimler가 태어났다. 그는 슈투트가르트에 있는 응용과학대학을 마친 후 제도사로 근무하던 중 천재적 디자이너인 빌헬름 마이바흐Wilhelm Maybach를 만나게 되었다. 이후 동료인 빌헬름 마이바흐와 함께 휘발유 구동 4행정 엔진을 개발하고 1866년, 다임러 엔진을 장착한 첫 4륜자동차를 완성했다. 1890년에는 자신의 사업 파트너들과 함께 '다임러-모토른-게샬프트(DMG)'를 설립하고 본격적으로 자동차를 생산하기 시작하였다.

메르세데스-벤츠의 공동 설립자 고틀리프 다임러(왼쪽)와 칼 벤츠

다임러와 벤츠는 자동차 시장과 자동차 경주에서 맞닥뜨리면서 경쟁 상대가 되었다. 레이스에 관심이 많았던 다임러는 스피드에 주목했고, 벤츠는 기술과 안전에 더 많은 신경을 썼다. 벤츠가 경쟁에서 밀리기 시작한 건 다임러가 1902년에 개발한 '메르세데스Mercedes'의 인기 때문이다. 스페

인어로 '우아함'을 뜻하는 메르세데스는 DMG의 오스트리아 판매대리인이자 레이싱 드라이버였던 에밀 옐리네크Emil Jellinek의 요청에 따라 만들어진 자동차였다. 에밀 옐리네크는 본사에 '나는 애벌레가 아니라 나비를 원한다.'라며 보다 빠르고 진보된 차를 만들어 달라는 내용의 편지를 보냈고, DMG의 요청을 받은 빌헬름 마이바흐는 저중심 압축 프레임, 강력한 엔진, 벌집 모양의 라디에이터를 갖춘 최고의 차를 만들었다. 이에 크게 감동한 옐리네크는 자신의 딸 이름인 메르세데스를 차 이름에 붙였고, 이후 메르세데스는 자동차 경주를 석권하며 그 명성을 떨쳤다.

스피드의 다임러, 기술과 안전의 벤츠가 하나로!

칼 벤츠의 '벤츠 앤 시에'와 고틀리프 다임러가 이끄는 DMG의 경쟁 덕분에 독일 차는 세계에서 가장 빠르고 근대적인 차의 형태를 갖춰가게 되었다. 그러나 자동차는 물론 배, 비행기의 엔진 제작 등의 분야에서 끊임없이 경쟁하던 두 회사는 독일의 제1차 세계대전 패전으로 인한 경기 침체로 존폐 위기를 맞았다. 두 회사는 살아남기 위해 합병을 결정, 1926년 '다임러-벤츠 AG'라는 이름의 막강한 자동차 기업이 탄생했다. 다임러-벤츠 AG의 모든 제품에는 '메르세데스-벤츠'의 이름을 붙였고, 엠블럼은 다임러가 써온 세 꼭지의 별을 벤츠의 월계관 로고가 둘러싸는 것으로 결정했다.

벤츠의 엠블럼 변천 과정. 땅과 바다, 하늘의 3개 부문에서 최고가 되겠다는 의미이다.

두 회사의 합병은 높은 성능과 안전성을 두루 갖춘 자동차 탄생을 의미했다. 또한 세계 최초의 자동차, 최초의 자동차 경주 우승, 최초의 디젤자동차, 최초의 트럭, 최초의 버스 등 무수한 기록을 낳았다. 스피드에 역점을 뒀던 다임러와 기술과 안전에 주력하던 벤츠가 하나로 어우러진 다임러-벤츠는 갖가지 신기록을 낳으며 명성을 쌓아갔다.

다임러-벤츠는 1928년 높은 성능을 지닌 '메르세데스-벤츠 SSK'를, 1929년 고급형 '뉘르부르크'를 출시했다. 뉘르부르크는 단 한 번의 고장 없이 13일 동안 2만㎞를 쉬지 않고 달리며 내구성을 입증했다. 1935년에는 세계 최초로 디젤 엔진을 장착한 '메르세데스-벤츠 260D'를 생산하게 된다. 1930년대에 벤츠는 국가 원수들이 즐겨 탄 '그로서'와 호화로운 유선형 스포츠카 'MB500K' 등을 선보였다. 1954년에는 불후의 명작으로 기록되는 '메르세데스-벤츠 300SL'을 출시하였는데, 최고 시속 250km로 당시로써는 세계에서 가장 빠른 승용차였다.

메르세데스-벤츠의 상품 라인은 1970년대 이후부터 엔진 배기량을 모델 이름에 사용하기 시작했다. 일례로, S500은 5L 엔진을 의미한다. 또한 메르세데스-벤츠는 차명에 영문자를 붙여 분류했다. C는 소형Compact, E는 중형Executive, S는 대형Super Salon을 의미한다. SUV 모델인 M-클래스의 M은 역동성Mobile을 나타낸다.

스포츠카 '메르세데스-벤츠 SSK'

세계 최초의 디젤 엔진 자동차 '메르세데스-벤츠 260D'

메르세데스-벤츠 300SL

 S클래스S-Class는 플래그십 카Flagship Car(브랜드를 대표하는 최고급 모델)인 럭셔리 대형 세단으로 1972년 'S클래스'라는 공식 명칭을 사용한 1세대 모델을 내놓았다. E클래스는 중형 세단 라인으로 1947년에 출시된 170V 모델을 전신으로 한다. CLS클래스는 2003년 기존의 '쿠페는 2도어Two Door'라는 공식을 깨고 최초로 내놓은 4도어 쿠페다.

 1998년, 다임러-벤츠는 380억 달러에 미국 자동차 업계 3위인 크라이슬러를 인수했다. 회사명도 '다임러-크라이슬러'로 바꿨다. 고급차 시장을 선도해 온 벤츠는 그간 크라이슬러가 주력해 온 중저가 승용차 시장에 손을 내밀게 되었다는 기대에 부풀었다. 하지만 미국과 독일의 이질적인 문화는 조직원 간의 충돌과 불화를 낳았다. 게다가 1980년대에 크라이슬러를 위기에서 구한 임원진이 전부 퇴장하면서 경영 공백 상태가 됐다. 합병에 따른 시너지 효과는 고사하고 벤츠가 벌어들인 돈은 크라이슬러가 고스란히 까먹었다. 결국 다임러-크라이슬러는 2007년, 크라이슬러 지분의 80%를 사모펀드에 매각하고 '다임러 AG'로 거듭났다.

안전을 먼저 생각하는 기술력으로 혁신, 또 혁신!

혁신기술 개발을 위한 메르세데스-벤츠의 노력은 쉴 틈 없이 계속된다. 그 대표적인 예가 '이노베이션 스튜디오'라는 이름으로 운영되는 워크숍이다. 1년에 약 70회 정도 열리는 이 워크숍에서는 소비자, 철학자, 사회학자, 심리학자 등 각기 다른 분야의 관련자들이 워크숍에 참여해 '10년 후 자동차의 모습', '100년 후 자동차의 모습' 등의 주제로 아이디어를 개발한다. 직업, 성별, 나이를 불문하고 7~8명씩 한 조를 이룬 참가자들은 무작위로 종이에 아이디어를 적어낸다. 아이디어가 어느 정도 축적되면 분류 작업을 통해 이를 정리하는 방식으로 진행되는 이 워크숍을 통해 메르세데스-벤츠는 2016년에 출시된 차에 적용할 아이디어를 2009년에 이미 획득해 두었다.

세계 최초로 실시한 벤츠의 차량 충돌 테스트

'최고가 아니면 만들지 않는다.'라는 이념으로 메르세데스-벤츠는 '최초'와 '최고'의 역사를 써 내려가고 있다. 운전자의 생명을 구하는 데 크게 이바지한 안전띠, 에어백, ABS, EPS, 프리 세이프Pre-Safe 기술은 모두 메르세데스-벤츠가 세계 최초로 자동차에 적용한 기술이다. 메르세데스-벤츠는 1930년대 말 강화 측면 보호대와 안전 도어 잠금장치를 개발했고, 1951년에는 충돌 사고 때 엔진이 밀려나면서 승객이 다치지 않도록 하는 '안전 차체'를 개발해 냈다. 1959년에는 세계 최초로 안전띠를 차량에 장착하고 차량 충돌 테스트를 실시했다. 1967년부터는 에어백 개발에 착수, 1980년 자동차 업계 최초로 'S클래스'에 안전띠와 함께 에어백을 장착해 출시했다. 1978년, 메르세데스-벤츠는 자동차가 급제동할 때 바퀴가 잠기는 현상을 막는 특수 브레이크 ABSanti-lock brake system 기능을 세계 최초로 적용했다. 또 1995년에는 차량 속도와 회전, 미끄러짐을 스스로 감지하여 브레이크와 엔진을 제어, 사고를 막는 ESPelectronic stability program (차량 자세 제어 장치)를 역시 세계 최초로 선보였다. 2002년에는 'S클래스'에 주행 상황을 모니터링하여 사고를 미리 감지하고 스스로 예방하는 '프리 세이프' 시스템을 적용했다. 메르세데스-벤츠는 이렇듯 선구적 기술력을 바탕으로 끊임없이 자동차 업계에 미래의 비전을 제시해 오고 있다.

도전과 혁신의 BMW, 품격과 안전의 벤츠
세기의 라이벌, BMW vs 벤츠

BMW는 벤츠와 더불어 독일을 대표하는 자동차 브랜드이자 세계 최고의 자리를 두고 벤츠와 경쟁을 벌이는 라이벌이다. BMW가 '도전과 혁신'의 이미지라면, 벤츠는 '품격과 안전'을 추구하는 기업이다. 벤츠가 편안하고 안전한 고급차를 만들어 40대 이상의 성공한 사람들을 주 고객층으로 삼은 반면, BMW는 스피드와 드라이빙의 즐거움에 집중하는 젊은 층을 주 고객으로 삼았다.

BMW는 원래 항공기 엔진을 만들던 회사였다. 제1차 세계대전이 한창이던 1916년, 내연기관을 처음 발명한 니콜라우스 오토의 아들인 구스타프 오토Gustav Otto 등은 경영 위기에 처한 항공기 엔진 회사를 인수하고 이듬해 회사명을 BMWBayerische Motoren Werke로 바꾸었다. 독일이 제1차 세계대전에서 패하며 베르사유 조약에 따라 항공기 엔진을 포함한 일체의 무기류를 생산하지 못하게 되자, BMW는 1923년 모터사이클로 사업영역을 전환했다. BMW가 출시한 '모터사이클 R32'는 당시 어려운 경제 상황과 맞물려

BMW의 엠블럼. 가운데 원은 비행기의 프로펠러를, 흰색은 알프스산을, 청색은 독일 바이에른의 하늘을 나타낸다.

큰 인기를 끌게 됐고, 1928년부터 BMW는 본격적으로 자동차 생산에 돌입했다. BMW는 1929년 첫 번째 자동차 딕시Dixi를 출시하고 그 이듬해에는 'BMW 328'을 출시, 큰 인기를 끌었다. 항공기 디자인을 응용한 'BMW 328'의 유선형 차제 디자인은 출시 당시부터 화제를 모았고 BMW의 정체성을 확립한 모델로 평가받았다.

1950년대에는 미국 스포츠카 시장에 진출해 성공을 거둔 벤츠의 '300SL'에 맞설 2인승 스포츠카 'BMW 507'을 출시했다. 'BMW 507'은 'BMW 역사상 가장 아름다운 차'로 불리며 엘비스 프레슬리 같은 유명인들이 타는 차가 됐지만, 1만 달러가 넘는 고가로 미국 시장에서 참패를 당했다. 이때 누적된 적자로 다임러-벤츠에 인수되어 한때 다임러-벤츠의 부품업체로 전락하는 위기에 처하기도 했다.

그러나 1970년 CEO로 취임한 에버하르트 폰 쿠엔하임이 1972년 출시한 'BMW 5', 1975년 연료 효율성을 강조한 콤팩트 차량 'BMW 3' 시리즈를 출시하면서 큰 성공을 거둔다. 특히 'BMW 3' 시리즈는 전 세계에

서 700만 대 이상의 판매량을 기록하며 BMW 3의 스테디셀러로 자리 잡았다. 1977년에는 다임러-벤츠의 럭셔리 차량인 '벤츠 S 클래스'에 맞서는 모델 'BMW 7' 시리즈를 출시하여 반향을 불러일으키면서 세계적인 브랜드로 성장했다. BMW 그룹에는 BMW 이외에도 1994년에 로버 그룹을 인수하면서 합류된 소형차 브랜드인 미니MINI와 1998년 인수한 대형 럭셔리 브랜드 롤스로이스Rolls-Royce가 있다.

1970년대 이후 BMW는 '1~8'의 시리즈 라인을 선보이고 있는데, 이때 숫자가 커질수록 큰 사이즈의 차량이며, 시리즈 넘버 뒤로 붙는 2자리의 숫자는 차량에 적용된 엔진의 크기를 의미한다. 가령, BMW 528은 2,800cc의 엔진을 가진 BMW 5시리즈이다. 또한, 숫자와 함께 영문 알파벳 X가 붙은 차량은 SUV이고 M이 붙은 차는 고출력의 자동차를 뜻하며, i는 최근 회사가 주력하는 전기차 또는 하이브리드카 등 친환경 자동차를 뜻한다.

최고의 품격과 안전, 내구성을 목표로 차를 만드는 벤츠, 그리고 스포티한 고성능 세단의 달리는 즐거움과 효율성을 추구하는 BMW의 무한 라이벌 경쟁은 고객에게는 더없이 안전하고 즐거운 운전 경험을 선사한다는 점에서 지켜보는 일조차 뿌듯하게 다가온다.

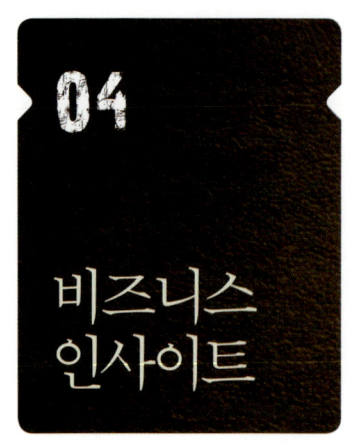

실패한 M&A

다임러 그룹의 역사상 가장 큰 M&A는 1998년 크라이슬러와의 인수합병이다. 다임러-벤츠는 생산 규모 확대를 통해 경쟁력을 확보하고 지역별 시장 편중을 해소하기 위해 고급 차종부터 저가 소형차까지 라인업을 보강한다는 논리로 360억 달러를 주고 크라이슬러를 합병하였다. 이로써 크라이슬러가 갖고 있던 닷지·지프까지 모든 차종을 아우르는 자동차 제국을 완성하였고 당시 기준으로 다임러-크라이슬러는 세계 3위 제조사로 뛰어올랐다. 하지만 독일과 미국의 이질적인 회사 문화로 결국 시너지를 내지 못하였고, 한때 합병회사인 다임러-크라이슬러의 시가 총액이 합병 전 회사인 다임러-벤츠의 시가총액보다 낮아진 적이 있을 정도였으며, 2007년 인수 가격의 5분의 1에 불과한 가격에 크라이슬러를 매각하였으니 대표적인 M&A의 실패 사례의 하나로 기억되기에 무리가 없다. 다임러-벤츠와 크라이슬러의 인수합병은 왜 실패한 것일까?

핵심 역량과 기업 문화의 통합 실패

인수합병을 통해 가치를 창출하려면 양 기업의 핵심 역량과 기업 문화가 조화를 이뤄야 한다. 인수합병 당사자인 두 기업이 가진 경영자원이 아무리 상호보완적이고 좋은 인수합병 대상기업이라 하더라도, 실제로 인수 후 두 기업의 통합과 운영에서 실패한다면 어떠한 가치도 창출할 수 없게 된다. 특히 두 기업이 상충된 기업문화를 갖고 있을 경우 많은 갈등을 일으킬 소지가 있는 것이다. 하지만 다임러-벤츠의 고급차와 크라이슬러의 저가 소형차 간의 시너지가 별로 없었고, 후륜 구동의 벤츠와 전륜 구동의 크라이슬러가 생산라인과 부품을 공유하기 힘들어 양 기업의 핵심역량의 활발한 이전이 되지 못하였다. 또한 권위적이고 중앙집권적인 전형적인 독일 기업 다임러-벤츠와 분권화된 기업 문화를 갖고 수없이 파산 위험에 시달려오면서도 버텨온 자부심 강한 크라이슬러가 잘 융합될 수 없었던 것이다. 다임러-벤츠와 크라이슬러의 핵심 역량과 기업 문화의 순조로운 통합은 실패한 것이다. 독일과 미국은 기업문화가 다르며 크라이슬러가 속한 중저가 시장은 다임러-벤츠 전공분야인 고급차 시장과는 다른 법칙으로 움직이는데 경영진이 이를 간과했던 것이다.

Porsche 918 Spyder

수퍼카(Super Car)를 넘어서는 고성능 하이퍼카(Hyper Car)

chapter 3

국민차에서 스포츠카로
끊임없는 변신,
대를 이은 자동차 업계의 귀재 포르쉐

Porsche

- 01. 만화로 보는 에피소드 – 포르쉐
- 02. 포르쉐의 경영학
- 03. 에피소드 플러스 – 폭스바겐과 포르쉐, 마침내 합병되다
- 04. 비즈니스 인사이트 – 집중화 전략

01

만화로 보는
에피소드
포르셰

페르디난트 포르셰
Ferdinand Porsche

"오래된 차들은 폐차장으로 가지만,
오래된 포르쉐는 박물관으로 간다."

포르쉐 911은 전 세계 드라이버들이 흠모하는 스포츠카의 대표모델이다.

"이 차를 운전해 보았다면, 운전석에 앉는 생각만으로도 그 특유의 흥분을 잊을 수가 없습니다."

1963년에 개발된 911은 포르쉐 역사에서 가장 성공한 모델로 평가받는데, 총 820,000여대가 생산되었다고 한다.

"스포츠카임에도 불구하고 수작업이 아닌 기계식 대량 생산으로 만들었다는 것이 이 차의 가장 큰 특징이죠."

911은 레이싱 카의 성능을 유지하면서도 실용성도 고려했다는 것이 또 하나의 특징이다. 이 차는 일반 세단에서나 느낄 수 있는 승차감과 시골길, 지하 주차장, 각종 요철지역에서도 일상 운전이 가능하도록 설계되었다.

포르쉐의 혁신적인 기술은 페르디난트 포르쉐 박사로부터 시작된다. 그는 1875년 체코슬로바키아에서 태어났다.

그는 작은 전기 기계 제작소에서 조수로 시작하여 다임러 벤츠사에서 자동차 설계, 비행기 엔진 제작 등에 참여하며 실력을 쌓아나갔다.

이러한 기술과 노하우들이 그의 천재적인 능력을 만나자 최고의 자동차 모델들이 만들어지기 시작합니다.

포르쉐 Porsche

KDF 프로그램 (Kraft durch Freude. 힘에 의한 즐거움) : 성인 2명과 어린이 3명을 태우고 100km/h로 아우토반을 달릴 수 있으면서 가격이 저렴하고 튼튼한 차를 만들라는 히틀러의 국민차 프로그램.

RR방식(Rear engine Rear wheel drive type) : 엔진이 뒷부분에 있고 뒷바퀴를 굴리는 방식. 구동력이 좋지만 코너링이 취약하다.

KDF 바겐은 훗날 미국에 건너가 '비틀'로 불리게 되죠. 이 차는 2차 대전의 발발로 모두 군사용으로 전용되어 버립니다.

부르릉-

전쟁 후 포르쉐 박사는 전범으로 지목되어 4년 간 복역한 후, 2년이 지난 1951년에 생을 마감한다.

그리고 비틀은 많은 사람들의 사랑을 받아 독일과 유럽뿐만 아니라 미국까지 건너가 대중적인 차로 자리 잡게 되죠.

356은 세대를 거듭하면서 엔진은 물론 브레이크와 핸들링이 끊임없이 개선되어 성능이 꾸준히 향상되었고, 차체도 더욱 깔끔하고 편안해졌습니다.

356은 1950년 르망 24시간 레이스 우승을 차지하는 성공 가도를 달렸고, 이후 1963년 911의 생산으로 이어지게 되죠.

포르쉐 Porsche

Timeline

Porsche

1875년	페르디난트 포르쉐(Ferdinand Porsche) 출생
1897년	최초의 전기자동차 '로너 포르쉐 (Lohner-Porsche)' 개발
1931년	페르디난트 포르쉐 박사가 '포르쉐 엔지니어링 사무소'를 설립
1938년	독일의 국민차 폭스바겐 비틀 개발
1948년	포르쉐 최초의 양산차 '포르쉐 356' 출시
1950년	페리 포르쉐 (Ferry Porsche)가 회사명을 '포르쉐'로 변경
1951년	페르디난트 포르쉐 뇌졸중으로 사망
1964년	포르쉐의 대표 자동차 '포르쉐 911' 출시
1998년	페리 포르쉐 사망
2003년	포르쉐의 첫 번째 SUV '카이엔(Cayenne)' 출시
2008년	포르쉐의 폭스바겐 인수 시도 및 인수 실패
2012년	폭스바겐이 포르쉐를 80억 유로에 인수합병

포르쉐(Porsche)는 1931년 페르디난트 포르쉐 박사가 설립한 독일의 자동자 제조회사로 현재 폭스바겐 그룹에 속해 있다.

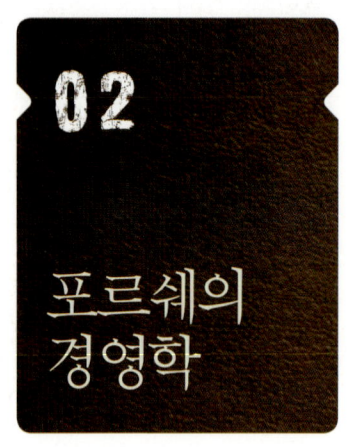

02 포르쉐의 경영학

최초의 전기자동차 '로너 포르쉐'의 탄생

페르디난트 포르쉐 1875~1951는 1875년 9월 3일, 현재 체코 공화국의 보헤미아 북부의 마페스도르프에서 아연판을 가공하는 직업을 가진 안톤 포르쉐의 셋째 아이로 태어났다. 그는 집안 형편이 어려워 정식 교육을 받지는 못했으나 어릴 때부터 전기기기에 관심이 많고 이것저것 만지는 것을 좋아해 야간기술학교에 다녔다. 페르디난트는 15세 나이에 보헤미아 지방 최초의 전등불을 만들어 유명세를 타기 시작하였다. 18세 때 '벨라 에거'라는 전기회사에 5년 동안 근무하며, 전기모터를 개발하였다.

페르디난트 포르쉐

최초의 전기자동차 '로너 포르쉐'

23세에는 마차를 제작하는 '야곱-로너 베르케' 회사에 입사해 전기자동차를 연구하여, 1897년 야곱 로너와 공동작업으로 만든 최초의 전기자동차 '로너 포르쉐Lohner-Porsche'를 선보인다. 이 차량은 가솔린 엔진과 전기모터를 함께 장착했지만 전기모터와 가솔린 엔진이 결합된 형태를 띠지 않고, 현재의 하이브리드 자동차처럼 가솔린을 연료로 사용하는 발전기가 전기를 생산하고 2개의 전기모터가 일체형으로 제작된 바퀴에 동력을 전달하는 방식이다. 1900년 파리 세계 박람회에 전기차가 출품되면서 천재적인 능력을 인정받기 시작했다.

포르쉐 엔지니어링 컨설팅 회사를 창업하다

페르디난트는 31세가 되던 해인 1906년, 독일 다임러 자동차의 자회사였던 오스트로-다임러Austro-Daimler에 입사했다. 꾸준히 자동차를 개발하고 능력을 인정받아 10여 년 후에는 임원으로 승진했다. 그는 자기가 개발한 자동차를 몰고 직접 자동차 경주에 출전하기도 했다. 1917년, 비엔나공대에서 명예박사학위를 받은 일은 대학을 나오지 못한 페르디난트에게 일생 동안 잊을 수 없는 큰 영예를 안긴 일이었다.

제1차 세계대전 후 천문학적인 물가 상승 등 경기 침체로 인해 다임러 사는 벤츠와 합병하게 되었다. 페르디난트는 합병 후 경영진과 마찰로 독립을 결심하기에 이른다.

페르디난트 포르쉐는 자신의 재능을 마음껏 발휘하고 싶어 1931년 독일의 슈투트가르트에 자신의 이름을 딴 '포르쉐 엔지니어링 사무소'를 설립하였다. 이 회사는 자동차를 제조하는 것이 아닌 자동차 엔지니어링 컨설팅 회사였다. 포르쉐가 자동차 제조회사로 이름을 날리게 된 것은 아들 페리 포르쉐가 자동차를 제조에 뛰어든 1950년 이후의 일이다.

폭스바겐(Volkswagen, 국민차)의 탄생

1933년 베를린 모터쇼에서 아돌프 히틀러는 독일 국민이면 누구나 가질 수 있을 만큼 저렴한 '국민차'를 보급하고 독일 자동차 산업의 힘을 보여주고 발전시키기 위한 국가 후원 자동차 경주대회를 실시하겠다고 발표했다. 이후 1934년 히틀러는 포르쉐 박사에게 "성인 2명과 어린이 3명을 태우고 7리터의 연료로 시속 100km를 이동할 수 있으며, 가격은 1,000마르크 이하의 국민 자동차를 만들라."고 요구했다. 히틀러는 아주 구체적이고 까다로운 조건과 함께 자동차 개발에 필요한 연구소와 비용을 모두 지원하겠다고 약속했다.

1938년 Volkswagen Kdf Wagen

    포르쉐는 히틀러의 요구 조건에 맞춰 RR방식[1]의 딱정벌레처럼 생긴 독특한 외관이 특징인 소형 승용차를 설계했다. 히틀러는 이 차의 이름을 'KDF'Kraft durch Freude, 기쁨의 힘라고 불렀지만 포르쉐 박사는 그 이름이 마음에 들지 않아 '폭스바겐국민차'이라고 부르게 된다. 하지만 미국에서는 이 차의 외관에서 모티브를 얻어 비틀Beetle, 딱정벌레로 부르기 시작했다. 지금까지 2,100만 대 이상 팔린 사상 3번째로 많이 팔린 국민차가 된 것이다.

    제2차 세계대전이 끝나자 포르쉐 박사는 나치에 협조했다는 이유로 옥고를 치르게 되었다. 그가 감옥에 있는 동안 아들 페리 포르쉐가 회사 경영 일선에 나서게 된다.

---

1 RR방식 (Rear engine Rear wheel drive) : 뒤엔진 뒷바퀴 구동방식으로, 뒷바퀴 뒤쪽에 엔진이 있고 뒷바퀴에 힘을 받아 차체를 밀어가는 방식이다. 주요 장치가 뒤에 있어 실내 공간 확보가 유리하며 뒷바퀴의 접지력이 매우 커 가속성능이 좋은 장점이 있는 반면 트렁크의 크기가 작아지는 단점이 있다. 폭스바겐의 비틀과 포르쉐 911이 대표적인 적용 모델이다.

경영 일선에 나선 페리 포르쉐와 '포르쉐 356'의 탄생

페리 포르쉐는 어릴 적부터 자동차에 깊은 관심을 보였다. 심지어 열 살 무렵에는 직접 차를 운전해 보고 싶다는 열망을 품을 정도였다. 이를 눈치챈 아버지 페르디난트는 소형 2인승 자동차를 제작했다. 페리 포르쉐는 자신을 위해 아버지가 특별히 만든 차를 직접 운전하며 꿈을 이룰 수 있었다. 12살 때인 1922년, 페리는 다임러가 제작한 최고 시속 144km인 레이싱 카를 직접 운전할 수 있는 기회를 얻었다. 이후 페리 포르쉐는 직접 레이싱 카를 제작하겠다는 결심을 굳혔다.

1930년에는 본격적으로 아버지의 사업에 동참하게 된다. 아버지가 감옥에 수감되어 있는 동안 페리 포르쉐는 회사를 직접 맡아 경영했다. 아버지의 보석금을 마련하기 위해 페리는 이탈리아의 경주용 자동차 '타입 360 치시탈리아'를 제작하였다. 감옥에서 풀려난 포르쉐 박사는 타입 360 치시탈리아를 보고 이렇게 말했다. "아들아, 정말 훌륭한 차를 만들었구나. 심지어 볼트 한 개까지 어디 하나 나무랄 데가 없구나."

페리의 주도 아래 포르쉐사는 1948년 '포르쉐 356'을 출시하게 된다. 제2

포르쉐 '356 speedster'

차 세계대전이 끝나고 독일이 자동차를 생산하기가 어려운 상태였기 때문에 이 차는 폭스바겐 비틀을 본뜬 한편 동일한 RR구동방식을 적용하였다. 포르쉐 356은 대중차가 아닌 고급 로드스터[2]임에도 불구하고 이후 17년간 약 8만 대가 생산되어 포르쉐가 재기하는 중요한 원동력이 되었다. 포르쉐 356은 스포츠카계에 포르쉐의 이름을 각인시켰다. 또한 일상적으로 쓰기에도 전혀 무리 없는 스포츠카라는 개념을 정립시켰다. 포르쉐 356 초기 모델이 주행 도중 두 개의 검문소를 상상을 초월할 정도의 빠른 속도로 통과해 단속에 걸리지 않았다는 것은 너무나 유명한 일화이다. 포르쉐 356은 1950년 르망 24시간 레이스에서 우승을 차지하는 등 성공 가도를 달렸지만 페르디난트 포르쉐 박사는 포르쉐 356의 성공을 보지 못하고 1951년 세상을 떠났다. 이후 페리 포르쉐는 경험과 탁월한 경영 능력을 바탕으로 회사를 크게 성장시켰다.

스포츠카의 전설 '포르쉐 911'

페리 포르쉐의 경영 전략은 집중화 전략으로 틈새시장에서 제품의 차별화를 추구하는 전략이다. 집중화 전략은 특정 소비자 집단, 일부 제품 종류, 특정 지역 등을 집중적으로 공략하는 것으로 전체 시장을 공략하는 것이 아닌, 특정 시장에만 집중하는 전략을 말한다. 1931년에 설립한 '포르쉐 엔지니어링 사무소'는 자동차 제조업체가 아닌 엔지니어링 컨설팅 회사이었기 때문에, 자동차 제조 분야에서는 후발주자라는 것을 파악한 페리 포르쉐는 고급차 시장이라는 특정 소비자 집단의 특정 시장을 대상으로 스

---

2 로드스터 (roadster) : 로드스터는 천장이 개방되는 2인승 차량을 말하며, 스포티한 핸들링과 비교적 작은 차체를 갖고 있는 점이 특징이다. 그러나 로드스터란 이름은 어떤 기술적 특징을 나타낸다기보다 마케팅 측면에서 사용되는 경우가 많아 2인승 차량에는 대부분 로드스터라는 이름을 붙인다.

포츠카라는 제품 차별화를 추구하는 틈새시장 전략을 실행한 것이다.

이 같은 집중화 전략에 따라 스포츠카의 살아 있는 전설 '포르쉐 911'이 포르쉐의 첫 작품인 '356'의 후속으로 개발되었다. '어른 4명이 즐겁게 탈 수 있고, 모두가 즐길 수 있는 스포츠카'라는 이름하에 1963년 '포르쉐 911'의 시작인 '901' 콘셉트카가 등장했다. 개발 코드에 따라 901이라는 이름으로 데뷔했지만, 푸조에서 가운데 0이 들어간 이름을 쓰지 말라는 클레임을 걸어 곧바로 911로 이름을 바꾸었다. 초대 911은 1963년 프랑크푸르트 모터쇼에서 데뷔하여 1964년부터 판매를 시작했다. 356과 같은 RR 구동방식을 갖고 새로운 6기통 복서엔진[3]을 탑재한 모델이었다. 911은

포르쉐 '911' 1세대 모델

---

3 복서 엔진 (수평대향엔진) : 수평대향엔진은 피스톤이 누워서 좌우로 움직인다. 엔진이 누워 있는 형상이라 차체를 저중심으로 설계할 수 있다. 피스톤이 움직이는 모양새가 권투선수가 주먹을 뻗는 것처럼 보인다 해서 '복서 엔진'으로도 불린다.

최고 출력 130마력, 최고 속도 210km/h로 당시 스포츠카의 기준을 제시했다. 페라리의 절반도 안 되는 가격으로 페라리급의 성능을 낼 수 있었던 911은 데뷔와 동시에 엄청난 인기를 얻었다.

  911은 데뷔 이래 각종 자동차 경주 대회에서 좋은 성적을 내는 동시에 일상 주행이 가능한 스포츠카로서 인기를 끌어왔다. RR 구동방식과 6기통 복서엔진은 911이 등장한 이후 지금까지 이어져 내려오는 포르쉐의 전통이다. 페리 포르쉐가 '세상 어디에도 없는 최고의 스포츠카를 만들겠다.'라는 목표로 2016년까지 8세대를 거치면서 주행 성능 및 연비 향상, 안전성, 레이싱 트랙에서의 퍼포먼스, 일상생활을 위한 실용성 등을 한 대의 자동차에 담아낸 고집의 산물이다. 페리 포르쉐는 911에 대해 "아프리카 사파리에서 르망으로, 다시 극장으로, 그리고 미국 뉴욕 거리로 몰고 갈 수 있는 유일한 차"라고 소개하기도 했다.

포르쉐 패밀리 룩 그리고 제임스 딘

포르쉐의 대표 아이콘인 911 시리즈를 비롯해 SUV 카이엔과 스포츠 세단 파나메라에 이르기까지 포르쉐의 자동차들은 각기 다른 라인업이지만 공통된 포르쉐의 패밀리 룩을 유지하고 있다. 그 대표적인 예가 개구리 모양으로 불리는, 높게 솟아오른 헤드램프와 낮은 보닛의 디자인이다. 포르쉐의 모든 모델은 이 패밀리 룩으로 구성되며, 어느 곳 하나 각진 구석 없이 모든 선이 유선형으로 디자인됐다. 또한 전후면 디자인은 부드러운 곡선을 살리면서 하단으로 내려올수록 살짝 넓어지며, 두 앞바퀴 사이의 폭보다 뒷바퀴 사이의 폭이 넓은 것이 특징이다. 또한 보통의 자동차는 열쇠 구멍이 오른쪽에 위치해 있지만 포르쉐의 전 차종은 시동키 삽입구가 왼쪽에 있다. 이것은 레이싱 경기에서 레이서가 왼손으로 키를 꽂는 동시에 오른손으로 기어를 조작해 출발까지 걸리는 시간을 최소화하도록 고안된 것으로 지금까지 모든 포르쉐 모델에 적용되고 있다.

포르쉐가 하나의 전설이 되도록 만들어 준 것은 미국의 배우 제임스 딘이다. 〈자이언트〉, 〈이유 없는 반항〉, 〈에덴의 동쪽〉 등의 영화로 일약 스타덤에 오른 그는 1955년 포르쉐 스파이더 550을 타고 가다 사고로 요절하고 만다. 포르쉐를 타다 불꽃처럼 사라진 그는 '영원한 젊음'의 상징으로 전 세계 팬들에게 각인된다.

일단 감염되면 빠져나오기 힘든 '포르쉐 바이러스'

포르쉐 엠블럼은 1952년 뉴욕의 한 레스토랑에서 탄생되었다. 포르쉐를 미국 시장으로 처음 수입한 인물인 막스 호프만Max Hoffman은 미국의 자동차들은 모두 엠블럼을 가지고 있다는 사실에 착안했다. 그는 이 시장의 특성에 따라 포르쉐도 소비자들에게 시각적으로 커뮤니케이션 할 수 있는 장치로 작용할 수 있는 엠블럼의 창안을 요청했고, 페리 포르쉐는 이 제안에 곧장 앞에 놓인 냅킨에 포르쉐 엠블럼의 아이디어 스케치를 시작했다. 페리 포르쉐는 여기에 슈투트가르트를 상징하는 동물인 뛰어오르는 검정 말을 그려 넣었다.

슈투트가르트는 자동차 명가로 이름을 날리기 시작한 현대 이전, 말 사

PORSCHE

포르쉐의 엠블럼

육으로 유명한 도시였기 때문이다. 마지막으로 방패의 윗부분에는 포르쉐의 패밀리 네임을 새겨 넣었다. 포르쉐의 근거지인 슈투트가르트의 전통을 하나의 디자인으로 담은 엠블럼은 처음 의도한 대로 포르쉐의 핵심가치를 시각적으로 빠르게 인식할 수 있도록 하여 브랜드 아이덴티티를 한눈에 전달하는 상징물로 자리 잡았다.

   스포츠카에는 강력한 성능을 위한 기술 외에도 운전자의 시각, 촉각, 청각 등을 통해 운전자의 감성적 측면을 고려하는 기술 또한 중요하다. 포르쉐에는 특유의 엔진음이 있는데, 이를 포르쉐 노트Porsche Note라고 부른다. 노트Note(음표·악보)라는 단어에서 유추할 수 있듯이 엔진음이나 배기음을 단순한 소음에서 승화시켜 드라이브를 즐길 수 있는 하나의 음악적 요소로 창조해 낸 것이다. 낮게 깔리면서 속이 꽉 찬 포르쉐 노트의 매력에 한번 중독되면 빠져나올 수 없다는 뜻에서 이를 '포르쉐 바이러스Porsche virus'

라고 부르기도 한다.

  포르쉐는 1963년 1세대 911을 출시하여 2016년 8세대 911까지 RR 구동방식, 6기통 복서엔진, 매끈한 패스트 백 보디, 동그란 헤드램프, 5개의 원이 연결된 계기판 등 50년 이상이 지난 현 세대와 1세대의 자동차가 큰 차이가 없도록 브랜드 자산을 관리하고 있다. 세계 3대 스포츠카는 포르쉐, 페라리, 람보르기니라는 브랜드 인지도와 브랜드 연상을 가진 포르쉐는 높은 가격을 유지하면서 큰 이익률을 달성한 것이다.

폭스바겐과 포르쉐, 마침내 합병되다

폭스바겐

자동차 제조회사 폭스바겐은 1937년 독일 나치노동조합에 의해 설립되었다. 히틀러는 대중이 탈 수 있는 보급용 차량, 즉 국민차Volkswagen 개발을 페르디난트 포르쉐 박사에게 의뢰했다. 이렇게 해서 오늘날 '비틀Beetle'이라고 알려진 국민차가 탄생되었다. 폭스바겐은 독일어로 '국민차'라는 뜻이지만, 아우디를 비롯해 람보르기니, 포르쉐 등 고급차도 만들고 있다.

 폭스바겐 그룹은 폭스바겐, 스코다, 세아트 등 대중차 계열을 관리하며, 아우디, 람보르기니, 두가티 등 고급차 계열사는 아우디 브랜드 그룹이 맡고 있다. 포르쉐, 벤틀리, 부가티 등 럭셔리 자동차 계열사를 담당하는 포르쉐 브랜드 그룹도 폭스바겐의 대표적인 사업군이다.

포르쉐 가문

페르디난트 포르쉐 박사는 슬하에 남매 페리 포르쉐와 루이제 포르쉐를 뒀다. 딸 루이제는 폭스바겐 공장을 운영하던 안톤 피에히와 결혼해 포르쉐의 경영에도 지속적으로 참여해 왔다. 한편 아들 페리는 아버지의 뒤를 이어 포르쉐의 경영에 집중해 포르쉐를 세계적인 스포츠카 제조 기업으로 성장시키는 데에 공헌했다. 이들 포르쉐 남매도 경쟁적인 관계였지만, 포르쉐와 피에히 집안의 권력다툼은 3세대에서도 계속되었는데, 루이제의 아들이자 페르디난트 포르쉐 박사의 외손자인 페르디난트 피에히(폭스바겐그룹 전 회장)와 페리의 아들이자 페르디난트 포르쉐 박사의 친손자 볼프강 포르쉐(포르쉐AG 회장이자 포르쉐SE 감독이사회 회장)의 권력다툼으로 알려져 있다.

페르디난트 피에히

페르디난트 포르쉐 박사의 외손자로 1962년 포르쉐에 입사해 엔지니어로 근무하여 집안의 장인기질을 발휘하여, 8기통 경주용 자동차인 포르쉐 804, 917등을 개발하여 주변을 놀라게 하였다. 하지만 주변 동료들과 자주 충돌하게 되어 피에히는 포르쉐를 떠나 '아우디'로 가서 오늘날 아우디의 가장 핵심기술 중의 하나인 콰트로(사륜구동) 기술을 완성시킨다. 1988년 아우디 사장을 역임하고 1993년부터 2002년까지 폭스바겐 최고 경영자를 지냈다.

포르쉐의 폭스바겐 인수 시도 및 실패

2005년 10월 포르쉐가 폭스바겐의 지분 18.53%를 취득했으며 2008년 10월엔 "2009년 중으로 폭스바겐의 주식과 주식 매수 옵션을 지분의 75%에 해당하는 만큼 취득하겠다."라고 발표했다. 경영권 장악 의사를 밝힌 것이다. 포르쉐는 지분을 42.6%까지 늘린 뒤 지분 31.5%에 대한 콜옵션을 추가로 매입하며 인수에 박차를 가했다. 포르쉐의 폭스바겐 지분 인수 후 지속적으로 폭스바겐 주가가 상승해 포르쉐는 2005~2009년 동안 옵션을 통해 약 82억 유로를 벌었다. 포르쉐는 폭스바겐에 130억 유로가 예치 중이었기 때문에 인수 자금으로 들어간 돈을 인수 후 이용하려는 계획도 갖고 있었다. 하지만 포르쉐는 인수 과정에서 약 90억 유로의 부채가 증가했고 2008년 9월에 터진 미국발 글로벌 금융 위기로 판매가 27%나 감소하자 현금 유동성이 급격히 악화됐다. 미국은 당시 포르쉐의 가장 큰 시장이었다. 설상가상으로 폭스바겐 주가도 하락하자 포르쉐는 파생 상품에 대한 투자손실도 눈덩이처럼 커졌다. 결국 무리한 폭스바겐 인수 시도가 포르쉐를 부도 위기까지 몰아넣은 것이다.

폭스바겐의 포르쉐 역인수

100억 유로에 달하는 채무를 감당할 수 없게 된 포르쉐는 독일 정부에 긴급 융자를 요청했지만 거절당했다. 결국 포르쉐가 손을 벌린 곳은 아이러니하게도 폭스바겐이었다. 포르쉐 설립 후 이어져 온 포르쉐와 피에히 가문의 전쟁은 외척인 피에히 가문이 친가를 제압함으로써 막을 내렸다. 젊은 시절 포르쉐 회장을 노렸던 피에히는 1972년 포르쉐와 피에히 가문 모두 포르쉐의 경영 일선에서 물러난 지 정확히 40년 만에 포르쉐의 절대적인 지배자로 올라섰다.

2009년 7월 포르쉐와 피에히 가족은 피에히 가문 주도로 두 회사를 합치는 데 합의했다. 폭스바겐은 포르쉐AG 지분 49.9%를 포르쉐SE로부터 80억 유로에 매입했다. 이 자금으로 포르쉐SE는 대부분의 차입금을 상환할 수 있었다. 결국 두 가족은 포르쉐SE를 통해 결합된 폭스바겐 지분 50.73%를 보유하고 이후 폭스바겐은 2012년 7월 4일 포르쉐SE가 보유한 포르쉐AG의 남은 지분 50.1%를 인수했다.

비즈니스 인사이트

집중화 전략

자동차 시장을 공략한 포르쉐의 경영전략은 집중화 전략 focus strategy이다. 집중화 전략이란 전체시장이 아닌 특정 시장을 집중적으로 공략하는 전략이다. 이를 세부적으로 살펴보면 특정 지역에 집중하는 전략, 특정 고객에 집중하는 전략, 특정 영역의 제품을 제공하는 전략, 브랜드로 고객의 라이프스타일을 창출하는 전략 등이 있다. 24시간 뉴스채널만 만들었던 CNN의 전략은 특정 영역의 제품을 제공하는 전략이며 자신들의 브랜드 가치를 높이 평가하는 충성고객을 만든 몽블랑의 전략은 브랜드로 고객의 라이프스타일을 창출하는 전략이다.

특정 영역의 제품

포르쉐는 초기에 특정 영역의 제품을 제공하는 집중화 전략을 선택했다. 엔지니어링 컨설팅 회사로 출발해 자동차 제조 분야에서는 후발주자였던 포르쉐가 본격적으로 자동자 생산을 시작한 시점에는 이미 독일은 BMW, 다임러-벤츠 및 폭스바겐이, 미국은 포드 자동차가 시장을 굳건히 선점하고 있었기 때문이였다. 따라서 스포츠카라는 특정 영역의 제품을 제공하는 전략으로 자동차 시장에 성공적으로 침투할 수 있었다. 그러나 자동차 시장이 성숙기로 접어들면서 상황은 좋지 않게 변했다. 스포츠카의 수요는 한정적이였다.

브랜드로 고객의 라이프스타일 창출

이에 포르쉐는 많은 대중들이 공감할 수 있도록 '브랜드로 고객의 라이프스타일을 창출하는 전략'을 새롭게 선택한다. 포르쉐는 '어른 4명이 즐겁게 탈 수 있고, 모두가 즐길 수 있는 스포츠카'라는 슬로건을 걸고 1963년 '포르쉐 911'을 출시했고 모든 모델들을 개구리 모양의 높게 솟아오른 헤드램프와 낮은 보닛의 패밀리 룩을 유지하며 '포르쉐'만의 회사 및 브랜드 이미지를 대중에게 성공적으로 각인시킬 수 있었다. 포르쉐의 집중화 전략은 후발주자가 시장에 진입할 때 배워야 하는 대표적인 기업성공사례로 꼽힌다.

LaFerrari Supercar

499대만 한정 생산하는 페라리의 하이퍼카(Hyper Car)

chapter **4**

자동차를
예술로 끌어올린
피닌파리나

Pininfarina

- 01. 만화로 보는 에피소드 – 피닌파리나
- 02. 피닌파리나의 경영학
- 03. 에피소드 플러스 – 월터 드 실바, 크리스 뱅글, 피터 슈라이어
- 04. 비즈니스 인사이트–시장거래와 내부화

01

만화로 보는 에피소드 피닌파리나

바티스타 피닌파리나
Battista Pininfarina

"아름다운 자동차는 아름다운 여인과 같이 언제나 아름답다."

그리고 그의 아들 세르조 피닌파리나, 손자 파올로 피닌파리나가 3대에 걸쳐 이탈리아 디자인의 명가를 유지해 왔죠.

피닌파리나는 디자인을 할 때 주행 시 공기의 저항과 차체의 균형을 세심하게 고려하기 때문에, 그들의 작품은 마치 하나의 생물체 같은 느낌을 주고 있습니다.

치시탈리아 202 외에도 1954년에 만들어진 관능의 아이콘으로 불리는 '란차 아우렐리아 B24(Lancia Aurelia B24)'가 있고,

피닌파리나는 많은 다른 슈퍼카 회사들과도 협업하게 되는데, 성숙하게 화장한 얼굴로 부드럽게 시선을 던지는 여신이란 찬사가 붙은 '마세라티 콰트로포르테'도 그중 하나입니다.

피닌파리나는 1986년에 '피닌파리나 엑스트라'를 설립해 자동차 외의 다른 제품에서도 디자인 능력을 발휘하게 되죠.

수많은 명품 제조업자들과 협업해 안경과 시계, 부엌용품, 가방, 필기구 같은 소품부터 가구, 싱크대, 조명 같은 인테리어 제품까지 디자인하고 있고,

나아가 제트기, 요트, 건축물까지 영역이 넓어지고 있습니다.

파올로는 '진정한 혁신은 사소한 작업 과정부터 구성원 간의 의사소통 방식까지 변화시키는 것을 의미한다.'라며, 다양한 재능을 결합하는 '공동 창의력(collective creativity)'을 회사의 핵심 가치라고 말하고 있습니다.

피닌파리나 Pininfarina | 157

Timeline

Pininfarina

1893년	창업자 바티스타 피닌파리나(Battista Pininfarina) 출생
1930년	피닌파리나 설립
1946년	치시탈리아(Cisitalia) 제작
1952년	앰배서더(Ambassador)를 통해 미국 진출
1952년	이탈리아 스포츠카 제조업체 '페라리(Ferrari)' 디자인
1966년	창업자 바티스타 피닌파리나 사망
	세르조 피닌파리나(Sergio Pininfarina) 2대 회장 취임
1986년	피닌파리나 엑스트라(Pininfarina Extra) 설립
2003년	마세라티 콰트로포르테(Maserati Quattroporte) 디자인
2006년	안드레아 피닌파리나(Andrea Pininfarina) 3대 회장 취임
2008년	파올로 피닌파리나(Paolo Pininfarina) 4대 회장 취임
2012년	세르조 피닌파리나 사망
2015년	인도 자동차그룹 마힌드라(Mahindra)에 인수

피닌파리나(Pininfarina)는 1930년 바티스타 피닌파리나(Battista Pininfarina)가 설립한 이탈리아의 자동차 디자인 제작회사이다.

02 피닌파리나의 경영학

이탈리아 카로체리아의 대명사 '피닌파리나'

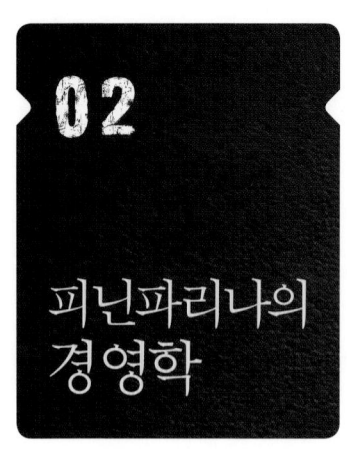

일반인들에게는 다소 낯선 용어인 '카로체리아.' 우수한 디자인 능력을 갖추고 소량의 주문 제작 방식으로 자동차를 만드는 회사를 뜻한다. 세계 최대 규모의 자동차 디자인 전문 회사인 피닌파리나는 이탈 디자인Ital Design, 베르토네Bertone와 함께 이탈리아 카로체리아의 대명사로 불린다. 공기 역학적 디자인을 도입해 매끈한 곡선으로 디자인된 피닌파리나의 자동차들은 틀에 박힌 기존 자동차들과 확연히 다른 몸체와 비례감을 선보이며 전후 유럽 자동차 시장의 풍운아로 우뚝 섰다. 피닌파리나는 창업자인 바티스타 피닌파리니Battista Pininfarina, 아들 세르조 피닌파리나Sergio Pininfarina, 손자 파올로 피닌파리나Paolo Pininfarina에 이르기까지 3세대에 걸쳐 이탈리아 디자인에 굵직한 획을 그은 디자인 가족 회사다.

바티스타 피닌파리나

세르조 피닌파리나

1893년에 태어난 바티스타 피닌파리나는 열한 살 때 친형 조반니Giovanni가 운영하는 자동차 정비공장에서 일하면서 자동차에 관한 꿈을 키웠다. 20대 중반에 떠난 미국 여행에서 그는 '자동차 왕' 헨리 포드를 만나 포드의 신기술과 경영이론을 접하고 새로운 세상을 만난 것 같은 감흥을 얻었다. 자신의 회사에서 일해 보지 않겠느냐는 포드의 제안을 뿌리치고 이탈리아로 돌아온 바티스타는 그때부터 새로운 도전에 착수했다.

그로부터 10년 후 바티스타는 형의 공장을 떠나 '카로체리아 피닌파리나Carrozzeria Pinin Farina'를 설립했다. 처음에는 수작업에 치중하였지만, 바티스타는 수작업 단계를 넘어 자동차 차체 제조업을 독립적인 산업으로 만들고 싶어 했다. 그는 회사 규모를 키우고 하루에 7~8대의 차량을 생산할 수 있는 시스템을 갖췄다. 디자인 경쟁력을 내세워 자동차 회사들과의 협력체계를 구축, 알파로메오, 란치아, 피아트 등 이탈리아 자동차 회사를 비롯해 캐딜락과 벤츠가 그의 공장을 거쳐 갔다. 바티스타가 선보인 특유의 우아하고 세련된 디자인은 '란차 아우렐리아 B24'와 영화 〈졸업〉에서 등장한 바 있는 '알파로메오 1600 두에토'에서 찾아볼 수 있다.

　1946년, 피닌파리나는 '이 시대 최고의 모델 8대 중 한 대', '움직이는 예술'이란 찬사를 받으며 뉴욕현대미술관^{MoMA}에 영구 전시된 '치시탈리아^{Cisitalia}'를 생산해 냈다. '치시탈리아'는 자동차의 아름다움과 단순함을 가장 조화롭게 디자인한 명품으로 평가받으며 1940년대를 대표하는 자동차의 표준으로 자리 잡았다.

　1950년대 초, 바티스타는 자신이 디자인한 '앰버서더^{Ambassador}'를 미국 시장에 내놓으며 초기 미국 자동차 역사에 큰 힘을 보탠 디자이너라는 찬사를 받았다. 피닌파리나는 1954년에 '알파로메오 줄리에타 스파이더'를 출시하면서 상업적 생산체제를 구축하고 특수 제작차 프로젝트에 본격 돌입했다.

　피닌파리나를 얘기할 때 빼놓을 수 없는 브랜드가 바로 페라리^{Ferrari}다. 페라리는 1952년부터 피닌파리나와 협업 체계를 구축하기 시작했다. 이후 '212'를 시작으로 붉은 머리라는 뜻을 지닌 '테스타로사', 수십억 원의 가치를 지닌 차로 평가받는 '250GT', 'F40', 'F50', '미토스' 같은 명차를 줄

줄이 선보였고, 1959년에는 명차 '페라리 250 GT'를 내놓았다.

알파로메오 줄리에타 스파이더

페라리 250 GT

자동차의 마에스트로 세르조, 피닌파리나 제국의 주역 파올로

1966년 바티스타가 세상을 떠난 이후 피닌파리나를 이끈 세르조 피닌파리나는 토리노공대에서 공학을 전공하고 일찍부터 피닌파리나에서 남다른 실력을 과시한 인물이었다. 그는 피닌파리나의 리더가 된 이후 롤스로이스, 캐딜락, 재규어, 알파로메오, 혼다 등 세계적인 자동차 회사들과 꾸준히 협력하면서 피닌파리나를 세계적인 자동차 디자인 회사의 반열에 올려놓았다. 그는 '스포츠카 디자인의 대부'라는 이름을 얻으며 페라리 역사상 가장 아름다운 곡선을 가진 명차로 꼽히는 '페라리 테스타로사 Ferrari Testa-rossa'를 비롯해 '성숙하게 화장한 얼굴로 부드럽게 시선을 던지는 여신'이란 찬사를 얻은 '마세라티 콰트로포르테 Maserati Quattroporte' 등을 선보였다.

마세라티 콰트로포르테

'아름다운 자동차는 아름다운 여인과 같이 언제나 아름답다.'라는 세르조 피닌파리나의 말은 자동차 디자인에 담긴 그의 철학을 잘 나타낸다. 그는 자동차 디자이너로서 차의 스타일링에만 주목하지는 않았다. 자동차 설계에 컴퓨터 시스템이 도입될 무렵, 이미 컴퓨터를 응용한 디자인을 시작했는가 하면, 이탈리아에서 처음으로 자동차 제작을 위한 풍동 공기의 저항을 연구하기 위한 장치 시설을 갖출 만큼 선구적인 경영자이기도 했다. 1979년 의원으로 선출되어 10여 년간 의원 생활을 한 세르조는 2012년 지병으로 세상을 떠났다. 그는 생전의 인터뷰에서 자동차 디자이너로 살아온 자신의 삶에 대해 "내가 원하는 차를 디자인할 수 있어 행복했다."라고 밝히기도 했다.

세르조의 장남 안드레아 피닌파리나Andrea Pininfarina는 엔지니어 출신으로 2006년 피닌파리나의 3대 회장이 되었다. 하지만 불행히도 2008년 토리노에서 모터사이클을 타던 중 자동차와 추돌하여 사망하고 말았다. 이에 세르조의 차남인 파올로 피닌파리나가 4대 회장으로 나섰다. 파올로는 그간 피닌파리나가 축적한 디자인 노하우와 스타일을 제품 디자인이나 건축, 인테리어와 같은 분야에 접목하고 싶어 했다. 그 결과, 1986년 산업디자인 전문 회사인 '피닌파리나 엑스트라Pininfarina Extra'가 탄생되었다. 브래드 피트와 앤젤리나 졸리가 선택한 스나이데로 올라 주방 시스템과 유벤투스 축구팀의 스타디움 등이 모두 피닌파리나 엑스트라의 걸작들이다. 피닌파리나 엑스트라는 안경, 시계, 의자, 전등, 비행기 디자인에 이르기까지 넓은 영역을 아우르며 코카콜라, 유니레버, 라바차 등 글로벌 브랜드를 파트너로 두고 있다.

피닌파리나 엑스트라가 선보인 주방 시스템

2000년대를 넘어서면서 이탈리아의 카로체리아는 휘청거리기 시작했다. 3대 카로체리아 가운데 하나인 이탈디자인은 2010년 람보르기니의 자회사로 편입했다. 또한 베르토네는 2014년 최종 부도 처리돼 법인 정리 절차를 밟고 사라지고 말았다. 피닌파리나는 10년 연속 적자에도 불구하고 자산을 매각하고 투자를 받으며 꿋꿋하게 버텨나갔지만, 결국 2015년 인도의 자동차 회사인 마힌드라에 인수되었다. 마힌드라 그룹은 쌍용자동차의 모회사이기도 하다.

피닌파리나의 혁신적인 디자인 감각

바티스타 피닌파리나가 활동하던 당시 자동차 앞 유리창은 두 개로 나뉘어 있었다. 그는 언젠가 자동차 앞 유리창이 통유리로 바뀔 것이라고 예상했다. 대체로 어떤 분야이든 디자인 작업은 기술이 개발된 뒤에 이뤄지는 것이 순서이다. 하지만 바티스타는 자동차 앞유리를 통유리로 만드는 기술이 나오기도 전에 미리 디자인을 해 놓았다.

피닌파리나의 디자인에는 일관성이 있다. 이탈리아만의 특성을 담으면서도 글로벌한 디자인, 독특하지만 대중적인 스타일을 선보임으로써 피닌파리나가 디자인한 것임을 금방 알아볼 수 있을 정도로 다양한 요소들을 균형 있게 조화를 이루고 있다.

피닌파리나는 10명이면 10명 모두 각각의 디자이너들이 저마다 다른 삶과 성향, 철학을 갖고 있다고 믿고 이를 존중한다. 이런 요소들이 결합되어 창조적인 피닌파리나만의 스타일이 탄생한다고 믿기 때문이다.

피닌파리나 Pininfarina

에피소드 Plus+ 03

유럽 3대 자동차 디자이너
월터 드 실바, 크리스 뱅글, 피터 슈라이어

폭스바겐 그룹의 성장을 주도한 월터 드 실바(Walter De Silva)

1951년 이탈리아에서 출생한 월터 드 실바는 건축가로 성장해 주길 바란 아버지가 건네는 종이와 연필로 건물 그림 대신 자동차를 그렸다. 20대 초반, 피아트의 디자이너로 입사해 이후 알파로메오, 폭스바겐 그룹 세아트 디자이너를 거쳐 람보르기니, 아우디, 세아트를 아우르는 아

우디 그룹의 총괄 디자이너가 됐다. 람보르기니 미우라, 아우디 A5, 아우디 R8은 모두 그의 손을 거쳐 탄생한 차들이다. 그는 통합적이면서 일관성 있는 디자인을 추구한다. 즉 각각의 개별 상품에 맞춘 디자인을 선보이는 것이 아니라, 브랜드 이미지에 포커스를 맞춰 각각의 제품을 디자인하는 것이다. "디자인을 통해 그 브랜드가 전달되어야만 한다."는 그의 말에서 그가 지향하는 디자인 철학을 엿볼 수 있다.

BMW의 상징이 된 크리스 뱅글(Chris Bangle)

1956년 미국 오하이오주에서 태어난 크리스 뱅글은 한때 감리교 목사를 꿈꾸었으나 대학 졸업 후 GM의 독일 자회사인 오펠^{Opel}의 디자인 분야에서 일을 시작하면서 자동차 디자인과 인연을 맺었다.

이후 이탈리아 토리노의 피아트^{Fiat} 디자인센터에 입사, 2인승 2도어 '피아트 쿠페'의 디자인 제작을 주도했다. 1992년에는 BMW 디자인 분야 총괄 책임자가 되어 '혁명'이라고 불린 'BMW 7' 시리즈의 디자인을 선보였다. 그는 고급스럽기는 하지만 딱딱하고 진부해 보이는 BMW 디자인에 근본적인 변화를 주었다. 2002년에 출시된 BMW E65 7시리즈는 BMW 특유의 직선 대신 부드러운 곡선이 주를 이루었다. 특히 '뱅글 엉덩이^{Bangle Butt}'라는 별명까지 얻은 독특한 트렁크 디자인은 형상은 고급스러운 이미지에 대형 세단의 스타일이 합쳐진 것 같은 분위기를 자아냈다. 파격적인 그의 디자인은 BMW 골수 지지층에게 살인 협박 전화를 받을 정도였다. BMW에 막대한 이득과 함께 100여 개에 이르는 특허를 안겨 준 크리스 뱅글은 2009년 이탈리아로 건너가 '크리스 뱅글 디자인 어소시에이트'를 설립했다. 한편, 크리스 뱅글은 2011년부터 3년간 삼성전자 마스터 디자이너로 근무한 바 있다.

아우디와 기아자동차의 성장을 이끈 피터 슈라이어(Peter Schreyer)

1953년 독일에서 태어난 피터 슈라이어는 자동차 애호가였던 아버지의 영향으로 어릴 때부터 자동차 디자이너를 꿈꾸며 성장했다. 뮌헨대학 산업디자인학과 재학시 아우디에서 인턴 생활을 시작한 그는 1994년 아우디 총괄 디자이너가 되면서 그의 역작

(출처: motor1.com)

이자 아우디의 혁신 아이콘으로 꼽히는 '아우디 TT'를 출시했다. 1995년 프랑크푸르트 모터쇼에서 처음 공개된 1세대 TT는 콘셉트카 개념의 혁신적인 디자인으로 많은 사람의 이목을 끌었다. 이후 TT의 디자인은 다른 회사의 자동차 디자인에도 영향을 미쳤다. 슈라이어는 이후에도 A4와 A6 등 아우디를 대표하는 모델을 연이어 선보이며 아우디의 적자 경영을 흑자로 바꾸는 데 크게 이바지했다.

 슈라이어는 2002년 폭스바겐으로 자리를 옮겨 골프5세대와 제타, 파사트, 뉴비틀의 디자인을 총괄하고, 2006년에는 기아자동차의 최고 디자인 책임자CDO가 되어 기아자동차를 일으켜 세운 '호랑이코 그릴'을 내놓았다. 호랑이의 코와 입을 형상화한 독특한 디자인은 이후 기아자동차의 상징으로 자리 잡았다. 또 다른 그의 수작인 'K5'는 남성미가 강조된 전면과 역동성이 가미된 측면, 세련되고 안정적인 후면의 디자인으로 시장에서 큰 호평을 받았다.

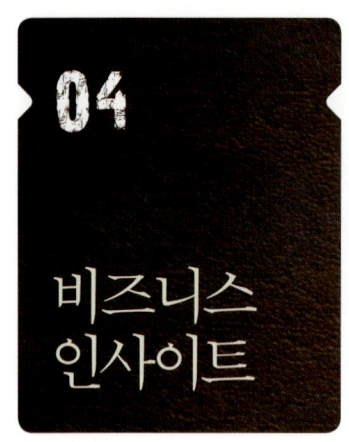

04 비즈니스 인사이트

시장거래와 내부화

자동차 디자인을 전문으로 하는 카로체리아 Carrozzeria는 귀족들의 취향에 맞추어 마차를 만들어 주던 장인들에서 유래된 말로 이탈리아어로 '자동차 공방'을 뜻한다. 세계 3대 카로체리아로는 이탈디자인 쥬지아로 Italdesign Giugiaro, 피닌파리나 Pininfarina 및 베르토네 Bertone가 꼽힌다. 그러나 '폭스바겐 골프'와 '람보르기니 가야르도'를 대표작으로 하는 이탈디자인 쥬지아로는 경영난으로 2010년 람보르기니의 자회사로 편입했고, 베르토네는 2014년 최종 부도 처리돼 창립 102년 만에 역사의 뒤안길로 사라졌으며, 피닌파리나도 경영난을 맞이하다 2015년 인도의 자동차 회사인 마힌드라에 인수되었다. 그렇다면 주요 고객이던 완성차 회사는 디자인 기능을 왜 내부화하려고 하는가?

시장거래와 내부화의 선택

기업이 경제활동을 조직하는 데는 크게 두 가지 방법이 있다. 한 가지 방법은 시장을 통한 거래이며, 다른 방법은 기업의 내부조직이 그 기능을 대신하는 방법이다. 1991년 노벨경제학상 수상자인 로널드 코즈$^{Ronald\ Coase}$는 시장거래와 내부화의 선택은 시장조달과 내부화에서 발생하는 상대적인 비용에 의해서 결정된다고 하였다. 원료를 구매하고 생산하고 판매하는 활동 및 연구개발, 재무관리, 인사관리와 같은 기업의 보조 활동 등 모든 경제활동을 시장을 통한 거래관계로 대신할 수도 있다. 하지만 이러한 시장거래에는 많은 거래비용이 소요되므로 모든 것을 시장에 의존하기보다는 기업이라는 내부조직을 만들어서 거래관계를 내부화하면 시장을 통한 경제활동보다 훨씬 낮은 비용으로 기업 활동을 수행할 수 있는 것이다.

디자인의 내부화

자본주의 초기에는 시장에 의한 거래가 상대적으로 많았지만 20세기 들어와 기술진보, 회계시스템과 기업 조직구조의 발전 등 경영관리 기법의 발전으로 내부조직의 관리비용이 감소하여 기업의 규모는 점점 더 커져가고 있다. 자동차 디자인의 경우도 컴퓨터의 발달로 자체 디자인이 가능해지고 자동차의 제품도 다품종화되어 디자인의 내부화 비용이 감소하였으며 디자인 기능을 시장을 통해 거래를 하면 생산과정에 중요한 핵심기술이나 디자인 등 경쟁력을 결정하는 중요 정보가 유출될 수 있기 때문에 자동차 디자인은 내부화되는 추세이다.

Honda NSX

30년 이상 지켜온 최고의 일본 미드십 슈퍼카

chapter **5**

최고의 모터사이클에서 F1 우승, 제트기 생산까지 불굴의 도전과 기술의 혼다

Honda

- 01. 만화로 보는 에피소드 – 혼다
- 02. 혼다의 경영학
- 03. 에피소드 플러스 – 감성마케팅으로 혼다의 기술을 극복한 할리 데이비드슨
- 04. 비즈니스 인사이트 – 범위의 경제

01

만화로 보는
에피소드
혼다

혼다 소이치로
Senhor Honda

"인간은 실패할 권리를 지녔다.
그렇지만 실패에는 반성이라는 의무가 따라붙는다."

모터사이클로 큰 성공을 한 혼다는 1962년에는 자동차에도 도전하게 됩니다. 첫 작품이 바로 이 소형 스포츠카 S360이죠. 1970년대에 접어들어 승용차 시장에 진출해 초기에 실패를 맛보지만, 1972년에 결국 히트작을 만들어 냅니다.
SPORTS 360

'73 CAR of THE YEAR 表彰式
바로 이 3도어 해치백의 소형차 CIVIC입니다. 그 열기는 1976년 중형차 ACCORD의 성공으로도 이어지게 되죠.
'73 CAR of THE YEAR CIVIC
'73 CAR of THE YEAR CIVIC
CIVIC

소이치로의 엔진 기술이 최초로 빛을 발한 건 1958년에 처음 생산된 바로 이 슈퍼커브입니다.

이 바이크의 배기량은 50cc에 4기통 엔진이었습니다. 당시 세계 오토바이 업계에서는 50cc라면 누구라도 2기통이 상식이었는데,

소음과 마력을 위해서 4기통으로 개발했죠.

NSX가 출시되고 1년 후 혼다 소이치로는 1991년에 잠들게 된다. 그는 교통마비를 우려해 회사장으로 장례식을 치루지 못하게 유언을 남겼다고 한다. 업적으로나 인격으로나 혼다 소이치로는 일본인의 가슴에 많은 감명을 주었고 경영의 신으로 추앙받고 있다.

Timeline

Honda

1906년	혼다 소이치로 출생
1948년	혼다 자동차 주식회사 설립, 모터사이클 제작
1958년	슈퍼커브(Super Cub) 생산으로 세계 최대의 모터사이클 제조회사 등극
1963년	스포츠카 S500 출시
1972년	소형차 시빅(Civic) 출시, 저공해 CVCC 엔진 개발
1976년	중형세단 어코드(Accord) 출시
1981년	세계 최초로 자동차용 내비게이션 시스템 완성
2000년	최초의 인공지능 로봇 아시모 출시
2012년	소형 항공기 혼다 제트(Honda Jet) 생산
2014년	혼다 모터사이클 글로벌 누적 생산 3억대 돌파

혼다(Honda Motor)는 1948년 혼다 소이치로가 설립한 일본의 자동차 및 부품, 모터사이클 제조회사이다.

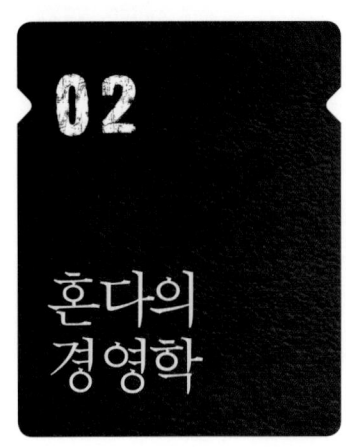

혼다의 경영학

최선을 다한 실패에 박수를 보내다

일본 《아사히신문》이 선정한 100년간 가장 존경받는 기업가이자 《니혼게이자이신문》이 뽑은 가장 존경할 만한 일본의 3대 기업인으로 꼽힌 혼다 소이치로本田宗一, 1906~1991는 '기술의 혼다'를 이룩한 장본인이다.

혼다 소이치로는 1906년 일본 시즈오카현 근처의 작은 마을 하마마츠에서 9남매 중 장남으로 태어났다. 여섯 살 때 마을 어귀에 주차한 포드의 '모델 T'를 본 뒤 자동차에 빠져들었다. 아버지가 운영하는 철공소에서 자동차 수리업을 겸업하던 그는 자동차 정비 종업원을 모집한다는 구인 광고 전단을 보고 홀로 도쿄의 '아트상회'로 향했다. 이후 6년간 정비 기술을 배운 그는 실력을 인정받아 22세 때 고향에 '아트상회 하마마츠 지점'을 열어 독립했다. 3년 후에는 하마마츠 최대 규모 정비 공장으로 성장했다. 피스톤링의 대량생산에 성공하여 도요타에 납품을 하게 된 혼다는 제2차 세계대전이 끝난 뒤 공장을 도요타에 매각했다. 1946년 10월, 그는 시즈오카에 '혼다기술연구소本田技術硏究所'를 설립하고 최초의 제품인 A형 엔진을 완성했다. 1948년에는 자본금 100만 엔으로 '혼다기연공업本田技硏工業주식회사'를 설립했다.

혼다의 창업주 혼다 소이치로

창업 후 혼다는 경영을 맡을 적임자를 찾아 나섰다. 기술력에 자신을 가진 그가 생산과 연구에 전념하려면 경영과 재무를 책임질 전문경영인이 필요했다. 마침내 그가 찾아낸 사람은 일본 최고 자동차 회사인 GM재팬의 관리부장이던 후지사와 다케오藤澤武夫였다. 혼다는 후지사와에게 "꿈을 이룰 수 있게 도와달라."고 했고, 둘은 곧바로 의기투합했다. 후지사와 다케오는 혼다의 전문경영인이자 부사장으로 그 후 25년 동안 혼다 소이치로와 동고동락하며 함께 혼다를 이끌었다.

혼다 소이치로는 고집스러우리만치 독자적인 기술 개발을 고집했고 스스로 기술자인 것을 자랑스럽게 여겼다. 젊은 기술자들과 작업실에서 함께 먹고 자는가 하면, 꼬박 사흘간 잠 한숨 자지 않고 기술 개발에 매달리기도 했다. 기술에 대한 열정과 혼으로 혼다는 모터사이클 분야에서 착실한 성장을 다졌다. 이렇게 축적된 기술은

혼다의 로고타이프

자연스레 자동차에 접목됐고 혼다는 짧은 기간 동안 괄목할 만한 성장을 일궈냈다.

혼다만의 독특한 기업문화, 즉 혼다이즘은 혼다 소이치로가 가장 염두에 둔 경영철학이자 개발철학이다. 혼다에는 '올해의 실패왕' 제도가 있다. 매년 그해에 가장 큰 실패를 한 직원에게 100만 엔의 상금을 수여하고 격려하는 것이다. 즉 창의적인 아이디어를 위해 실패를 두려워하지 말고 마음껏 도전하라는 것이 이 제도의 취지다. 혼다는 창조는 반드시 시행착오를 거듭하며 이뤄진다는 인식하에 최선을 다한 실패를 치하하고 도전을 중시하는 기업문화를 만들어 나간다. 바로 이 같은 철학이 이른바 '혼다이즘'의 근간을 이루고 있다.

혼다이즘은 생산현장에도 그대로 적용된다. 혼다는 엔지니어들이 작업 과정상의 개선점이나 품질 개선과 관련된 아이디어를 서면으로 제출하면 이를 면밀하게 검토한 뒤 우수한 아이디어에 대해 시상을 하는가 하면, 최고 영예인 혼다상 수상자에게는 해외공장 견학 기회도 제공하고 있다.

모터사이클의 역사를 새로 쓰다

혼다 소이치로는 모터사이클이 인간의 삶에 편리함 그 이상을 제공할 수도 있음을 경험하게 된다. 한번은 일자리를 찾아 도쿄로 온 사람들이 지진으로 인해 순식간에 생활기반을 잃은 적이 있었다. 이들은 다시 고향으로 돌아가고자 했지만 지진 피해로 거의 모든 교통시설이 파괴되어 발만 동동 구를 수밖에 없었다. 혼다 소이치로는 모터사이클로 이들을 지진 피해 바깥 지역으로 데려다 주면서 자동차나 기차가 갈 수 없는 곳도 모터사이클로는 얼마든지 갈 수 있음을 절실하게 깨닫게 된다.

혼다기연공업은 1948년 군용 무전기에 달린 소형 엔진을 개조해 자전거에 보조 엔진을 단 오토바이를 생산하기 시작했다. 1958년에 출시한 모터사이클 '커브Cub'가 폭발적인 인기를 얻은 데 이어 드림Dream, 벤리Benly 등도 연달아 히트를 쳤다.

1958년 출시된 '슈퍼커브 C100'

1958년에 혼다는 모터사이클 경주에서 축적된 기술을 바탕으로 50cc의 슈퍼커브Super Cub C100을 개발했다. '커브Cub'란 맹수의 새끼를 가리키는 말이다. 그 이름처럼 슈퍼커브 C100은 크기가 작고 소음도 심하지 않았으며 초보자도 쉽게 탈 수 있을 정도로 조작이 간단했지만 높은 마력을 내는 엔진을 장착한 강력한 모터사이클이었다. 엔진을 차체 가장 낮은 곳에 배치해 무게중심을 낮추고 메인 프레임도 낮게 장착했다. 3단 자동변속, 자동 스타터, 안정감과 친근함을 주는 외양으로 인기를 한몸에 얻은 슈퍼커브 C100은 1959년 말에 이르러 혼다 모터사이클 전체 생산량의 60%가량을 차지하는 기염을 토했다.

　1959년 혼다 모터사이클은 미국 시장에 진출했다. 로스앤젤레스에 첫 해외 현지 법인인 아메리칸 혼다 모터를 설립한 것이다. 당시 미국에서 모터사이클을 타는 사람들은 불량스럽고 반항적이라는 이미지가 강했다. 검은 가죽점퍼를 입고 시끄러운 엔진 소리를 내며 달리는 아웃사이더라고 보는 사람이 많았다. 이에 혼다는 실생활에 적합한 작고 가벼운 모터사이클을 중심으로 다양한 색상과 모델의 소형 모터사이클을 미국 시장에 선보였다. '세상에서 가장 좋은 사람들은 혼다를 탑니다.'라는 광고 전략으로 혼다의 모터사이클은 일약 최고의 생일선물 아이템으로 부상했다. 모터사이클에 대한 인식의 변화를 가져온 것이다. 그 결과, 1960년대 중반 혼다는 미국 소형 모터사이클 시장의 3분의 2가량을 석권하게 되었다.

　어릴 적부터 모터스포츠에 대한 꿈을 가지고 있던 소이치로는 영국에서 열린 맨섬 TT레이스를 접한 뒤 1954년, 새로이 모터스포츠 영역에 도전했다. 그러나 엄청난 속도로 내달리는 독일, 이탈리아의 모터사이클을 보면서 절망했고 곧바로 뛰어난 엔진을 가진 제품을 위해 연구를 거듭했다. 그는 엔진 회전수를 높이는 방식으로 혼다의 모터사이클에 혁명적인 변화를 가져왔고, 1959년 일본 팀 최초로 월드GP 시리즈에 참가하여 125cc 경량급 경기에서 6위를 기록했다. 그리고 2년 뒤인 1961년, 세 번째 도전 만에 전설적인 선수인 마이크 헤일우드가 125cc와 250cc 클래스에서 혼다의 모터사이클로 우승을 차지했다. 1966년에는 500cc 그랑프리에서 다시 한번 우승 트로피를 들어 올렸다. 독일 폭스바겐 그룹의 이사회 의장이자 뛰어난 엔지니어인 페르디난드 피에히조차 그의 자서전에서 혼다의 모터사이클과 엔진 기술력에 대한 부러움을 고백했을 정도다.

불굴의 도전

이륜차에서의 성공은 자연스레 사륜차 영역으로 이어졌다. 1962년 자동차 시장에 뛰어든 혼다는 다소 급진적인 방법으로 존재감을 각인시켰다. 1963년에 첫 스포츠카인 S500과 경트럭 T360을 내놓더니 이듬해인 1964년에는 세계에서 가장 빠른 레이싱 카들의 경주인 F1 FIA 포뮬러원 월드챔피언십에 참가한 것이다. 무모한 도전이었다. 레이싱 카 RA271을 앞세워 독일 그랑프리에 처음 발을 들여놓았지만 결과는 참담했다. 세 번의 레이스에 참가해 모두 중도 탈락했다. 그러나 1965년에는 상황이 바뀌었다. 8번의 레이스에 참가해 최종전인 멕시코 대회에서 우승하면서 혼다 기술력의 우수성을 입증했다. F1 역사상 아시아 제조사가 거둔 첫 우승이었다. 이후 혼다는 프랑스 그랑프리 경기 도중 드라이버인 조 슐레서가 사망하면서 1968년 F1을 떠났다. 혼다가 F1에 복귀하기까지는 그 후 15년이라는 시간이 걸렸다.

혼다의 초창기 레이싱 카 RA271

1983년 F1으로 돌아온 혼다는 무선과 컴퓨터를 이용해 경주용 차량 상태를 관리하는 고난도 기술을 선보이며 돌풍을 일으켰다. 이 시스템은 아직도 F1의 기본 기술로 널리 응용되고 있다. 혼다는 총 151개 그랑프리에 참가해 69차례 우승을 차지하며 F1 명가로 인정받았다.

기술의 혼다

도요타와 혼다는 최대 경쟁자다. 일본 자동차 업계에서는 흔히들 '판매의 도요타, 기술의 혼다'라고 말한다. 판매는 도요타의 절반 정도에 머물지만 기술 개발에서만큼은 혼다가 앞선다는 얘기다. 혼다가 신기술을 앞세워 신차를 선보이면 도요타는 비슷한 신차를 내놓고 판매력으로 혼다의 시장을 잠식해 간다. 혼다는 규모 면에서 1등 기업은 아니지만 기술만큼은 누구도 따라잡을 수 없을 만큼 독보적인 위치에 있다.

1970년대 들어 전 세계는 제1차 오일쇼크로 석유 사용 제품의 연비 향상에 집중했다. 미국은 대기환경보전법인 '머스키법'을 시행해 배기가스 배출을 엄격히 규제했다. 혼다는 이 기회를 놓치지 않았다. 1972년 저공해 CVCC 엔진을 개발해, 세계 최초로 이 법에 걸리지 않는 자동차인 '시빅'을 출시했다. 이후 CVCC 엔진은 '어코드' 1세대 모델에도 장착되면서 혼다 자동차의 대중화에 크게 기여했다. 혼다

1972년 개발된 CVCC엔진

는 즉각 이 기술을 무료로 공개했다.

혼다는 매년 연구개발비로 매출액의 5%가량을 투자한다. 이는 세계 자동차 기업 가운데 최대 규모다. 에어백과 네비게이션을 가장 먼저 개발해 낸 혼다기술연구소는 이 회사 기술개발력의 상징이다.

2000년 혼다가 선보인 휴머노이드 로봇 '아시모ASIMO · Advanced Step in Innovative MObility'는 전 세계적으로 가장 진보된 보행 로봇이다. 이 로봇은 지루한 단순 노동이나 위험한 작업에 사람을 대신해서 능숙하게 그 역할을 수행할 수 있고 세계 최초로 적용된 자율 행동 제어기술로 마주 오는 사람을 피하는 능력까지 갖추고 있다.

혼다는 2015년에 7인승 최첨단 경량 비즈니스 제트기를 독자 개발했다. 자가용 제트기 시대를 위한 발 빠른 움직임이었다. 혼다 제트는 엔진이 기체 날개 위에 설치됐다. 엔진을 밖으로 들어냄으로써 기내 소음을 줄였다. 다른 소형 제트기보다 기내 공간이 20% 정도 넓고 속도는 10% 빠른 것으로 알려졌다. 비행거리는 2,185㎞에 달한다.

2000년 개발된 아시모 로봇

소유와 경영의 분리

실패에 관대한 혼다 소이치로였지만 그는 회사 이름에 '혼다'를 붙인 것에 대해 평생토록 후회했다. 그는 주변에서 놀랄 정도로 가족과 친인척을 배제하는 경영방식으로 일관해 왔다. "기업은 주주들 모두의 것이지, 어느 개인의 몫이 아니다."라며 소유와 경영을 철저하게 분리했다. 창업 때부터 혼다와 함께해 온 형제를 사직시켰을 정도로 그의 지론은 분명했으며 아들에게 일을 시키지 않는 이유에 대해 "만약 아들이라는 이유만으로 불러와 후계자로 삼는다면 수천 명이나 되는 아들들을 배신하는 행위가 아니겠는가."라고 꼬집어 말했다. 이처럼 혼다는 자식은 물론 친인척들에게도 경영권을 물려주지 않는 독특한 기업문화를 만들어 냈다.

혼다 소이치로는 사람들에게 폐를 끼치지 않는 회사를 만들겠다는 생각을 창업 때부터 갖고 있었다. 공장을 세울 때도 담 대신 나무를 심었고 주변을 어둡게 하지 않으려고 많은 가로등을 설치했다. 아오야마에 있는 혼다 본사에는 모든 층의 유리창 바깥에 널찍한 발코니를 두고 있다. 지진이 났을 때 유리 파편이 거리로 떨어지지 않게 하기 위해서다.

혼다 소이치로의 생전 모습

1973년, 그는 후지사와 다케오와 함께 나란히 은퇴했다. 은퇴하면서 그는 자신이 보유하고 있던 주식 전부를 회사에 환원했다. 부인에게 1%의 주식만을 남긴 것이 전부였다. 퇴임식에서 그가 했던 말은 지금도 많은 사람에게 회자되고 있다.

"나는 많은 꿈을 이루었지만 실패도 많이 했습니다. 그러나 실패를 부끄럽게 생각하지는 않습니다. 그 실패로 인해 지금의 혼다가 여기에 있기 때문입니다."

퇴임 후 혼다 소이치로는 맨 먼저 세계 곳곳에 있는 공장과 판매점을 방문해서 그곳 직원들에게 감사 인사를 건넸다. 그가 세상을 떠난 것은 지난 1991년. 그는 생전에 "내 장례식에 오는 사람들은 모두 자가용을 타고 올 테고, 그렇게 되면 이 근처 교통이 마비되고 말아. 자동차 회사의 경영자로서 그런 짓을 해서는 안 되지."라는 말을 남겼다. 그의 유언대로 회사장을 대신해서 혼다 본사와 지역 공장에 분향소가 차려졌고, 6만 명이 넘는 사람들이 찾아와 혼다를 추모했다.

할리에 열광하는 HOG 회원들이 빚어내는 자유와 도전 정신!
감성마케팅으로 혼다의 기술을 극복한 할리 데이비드슨

혼다와 함께 세계 모터사이클 업계를 대표하는 기업 가운데 할리 데이비드슨이 있다. 1970년대 중반까지 할리 데이비드슨은 연간 6만 대를 판매하던 미국 최고의 모터사이클 회사였다. 그러나 두 번의 석유파동 이후 저렴한 가격과 뛰어난 연비를 자랑하는 혼다가 미국 시장을 잠식하면서 판도가 달라졌다. 당시 할리 데이비드슨은 주력 상품으로 소형 모터사이클을 개발했었는데, 품질면에서 고객들의 인정을 받지 못해 1970년대 중반 70%에 이르렀던 시장점유율은 10%까지 떨어졌다.

할리 데이비드슨의 임원 13명은 독립브랜드인 할리데이비슨컴퍼니로

재도약의 기회를 다지면서 할리 오너스 그룹^{HOG, Harley Owners Group}을 결성했다. HOG는 전 세계 100만 명 이상의 회원을 지닌 세계에서 가장 결속력이 강한 커뮤니티다. HOG 회원들은 할리 데이비드슨 로고를 문신으로 새기고 할리 데이비드슨 헬멧과 옷을 입고 갖은 액세서리를 사 모으는데 열광한다. 할리 데이비드슨의 직원들 역시 절반은 HOG 회원이고 모터사이클 애호가들이다. 세계 곳곳에서 개최되는 HOG 랠리는 회원들을 하나로 묶어 주는 역할을 하는 동시에 행사 기간 중 라이딩 외에도 파티, 게임 등을 개최해 참가자들에게 다양한 즐거움을 선사하고 있다. 무엇보다 할리 데이비드슨이 혼다 등 해외 브랜드와의 경쟁에서 밀려 파산 위기에 놓였을 때 HOG는 자발적인 모금 활동으로 할리 데이비드슨을 다시 일으켜 세웠다.

할리 데이비드슨 로고타입

할리 데이비드슨은 '모터사이클 대신 역사와 라이프 스타일을 판다.'는 모토로 브랜드를 고객의 개성과 정체성을 나타내는 하나의 상징으로 탈바꿈시켰다. 할리 데이비드슨의 고객은 젊음, 자유, 열정이라는 브랜드 이념에 공감하고 그러한 정체성을 원하는 사람들이며, 또 그들에게 할리 데이비드슨은 단순한 모터사이클 제품이기 전에 상징이고 꿈이며, 고객 그 자신을 가장 잘 설명하는 도구이기도 하다.

미국의 아이콘이라고 할 수 있는 자유와 개척 정신, 남자다운 강인함을 제품 디자인에 담은 할리 데이비드슨의 모터사이클

현재 할리 데이비드슨이 생산하는 주력 모터사이클은 크루저이다. 미국을 최대 시장으로 두고 있는 크루저는 '아메리칸 바이크'로 불리기도 한다. 이 바이크는 빠르게 달리기보다는 시속 100km 정도로 여유있게 달리면서 운전자가 다양한 감성을 느낄 수 있도록 디자인되었다. 전통적인 프레임과 최신 기술이 조화를 이룬 감각적인 외형, 엔진 디자인, V형 트윈엔진에서 나오는 말발굽 소리, 리듬감 있게 움직이는 진동감, 부품 소재 등이 대표적이다. "두둥두둥~" 하며 트윈엔진이 빚어내는 특유의 엔진음과 배기음은 주행자의 심장을 두근거리게 하는 매력이 있다. 실제로 할리 데이비드슨의 엔진음은 한국과 미국의 자유무역협정FTA에서 상표권으로 인정됐다. 또한 다른 회사의 제품들이 부식을 우려해 플라스틱 수지를 외장

부품을 사용하는 데 비해 할리 데이비드슨은 여전히 철을 고집한다.

할리 데이비드슨의 모터사이클은 남자들 대부분의 로망이다. 수십 대의 모터사이클이 줄지어 도로를 질주하는 진풍경은 남자 고객들의 감성과 본능을 자극한다. 할리 데이비드슨은 제품의 성능을 전달하는 것에 집중하지 않고 '할리를 타는 사람들의 이야기Harley Rider's Stories'로 고객에게 다가감으로써 감성마케팅의 성공적인 사례로 꼽힌다. 1998년에 이르러 할리 데이비드슨은 중형 오토바이 시장의 59%를 점유하면서 혼다를 뛰어넘었다. '기술의 혼다'도 충성도 높은 고객을 앞장세운 '감성의 할리 데이비드슨'을 당해내지 못했던 것이다.

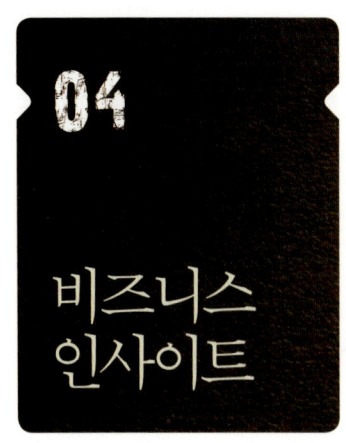

범위의 경제

세계 최대의 모터사이클 제조회사인 혼다는 1962년 자동차 사업 진출, 1972년 CVCC 엔진 개발, 2000년 최초의 인공지능 로봇 아시모 제작, 2012년 소형 항공기 생산 등 사업 포트폴리오의 다각화전략을 취하고 있다. 다각화Diversification란 한 기업이 다른 여러 산업에 참여하는 것으로 제품이나 판매지역 측면에서 관련된 산업에 집중하여 다각화하는 '관련다각화'가 있고, 제품이나 판매지역 측면에서 관련이 없는 산업에 참여하는 '비관련다각화'가 있다.

범위의 경제

범위의 경제Economy of scope는 다각화의 중요한 목적 중의 하나이다. 범위의 경제란 한 기업이 두 가지 이상의 제품을 동시에 생산할 때 소요되는 비용이 별개의 두 기업이 각각 한 제품씩 개별적으로 생산할 때에 소요되는 비용의 합보다 작은 것을 의미한다. 범위의 경제가 나타나는 이유는 여러 제품을 동시에 생산할 때 투입되는 요소 중 공통적으로 투입되는 생산요소가 있기 때문으로 은행이 보험상품을 판매하는 방카슈랑스가 대표적인 예이다.

기술에서 발생하는 범위의 경제

범위의 경제는 유형자원에서 발생할 수 있다. 이는 여러 가지 제품을 동시에 생산함으로써 투입요소나 생산단계의 중복을 피할 수 있다는 데서 나타난다. 범위의 경제는 무형자원에서도 발생한다. 무형자원의 중요한 요소는 유명브랜드나 기업의 명성이다. 소비자들은 품질에 대한 정확한 정보가 없을 때, 그 브랜드나 기업의 명성 등으로 미루어 품질을 짐작하기 때문이다. 무형자원의 또 하나의 중요한 요소는 기술력이다. 캐논Canon이 광학기술, 정밀기계기술, 전자기술과 같은 무형의 경영자원을 조합하여 새로운 제품을 만들어 내고 있는 것처럼 혼다는 오토바이에 적용된 엔진기술을 이용하여 자동차 및 항공기 사업에서 새로운 제품을 만들어 내고 있는 것이다. '기술의 혼다'라는 문구는 다각화로 범위의 경제를 구현한 혼다의 뛰어난 무형자원인 것이다.

Michelin tire
최초의 자동차용 공기압타이어를 만든 미쉐린

chapter **6**

세계에서 가장 빠른 타이어!
세계 최고 여행안내서!
혁신과 문화마케팅의 선구자 미쉐린

Michelin

- 01. 만화로 보는 에피소드 – 미쉐린
- 02. 미쉐린의 경영학
- 03. 에피소드 플러스 – 문화마케팅의 새로운 이정표 제시한 현대카드
- 04. 비즈니스 인사이트 – 벤치마킹(Benchmarking)

01

만화로 보는
에피소드
미쉐린

2016년의 르망24시 대회에 참가한 60개 팀 중에서 33개 팀이 미쉐린 타이어를 장착했다고 하네요.

미쉐린 모터스포츠 매니저 제롬 몬다인 씨의 말을 들어볼까요?

르망 내구레이스는 평균 시속이 높은 만큼 피트스탑이 중요하게 작용합니다.

그리고 차량이 가능한 한 오랫동안 트랙을 달려야 하므로 타이어의 수명은 경기에서 가장 중요한 변수 중 하나예요.

미쉐린 Michelin | 217

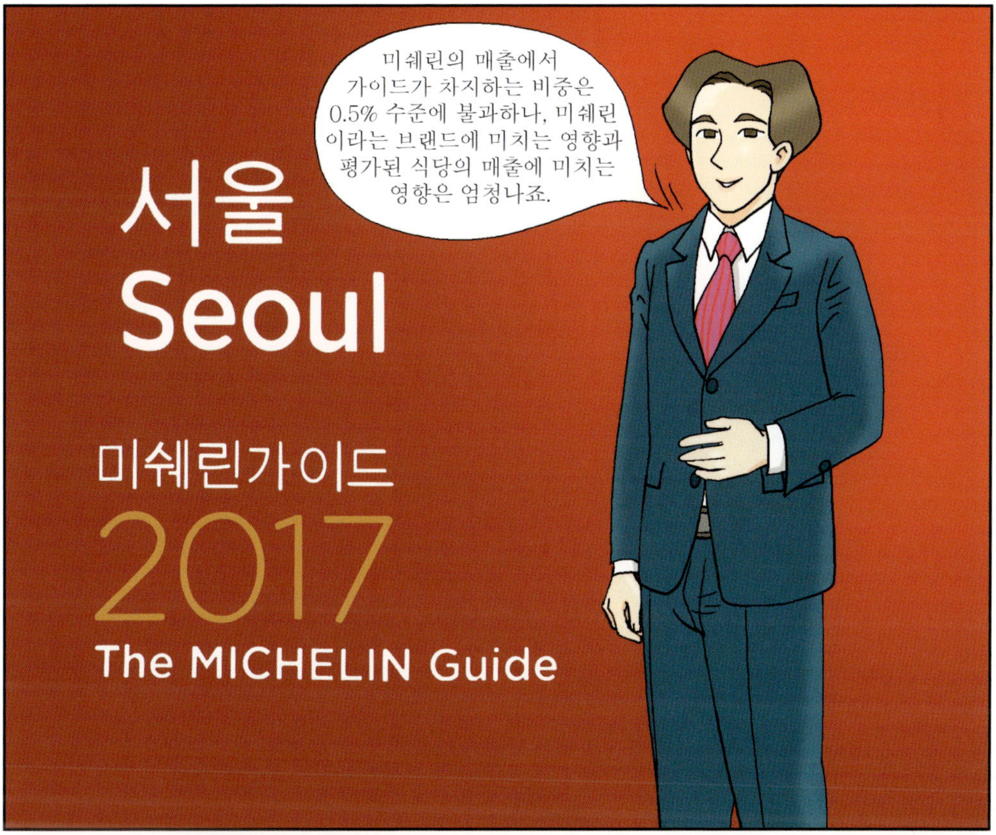

Timeline

Michelin

1889년	미쉐린 설립
1891년	세계 최초 착탈식 자전거 타이어 개발
1895년	세계 최초 자동차용 고무타이어 개발
1898년	마스코트 '비벤덤' 도입
1900년	'미슐랭 가이드' 출간
1910년	프랑스 내 주요 도로에 번호를 할당하고 안내표지판을 세움
1946년	세계 최초 타이어에 금속을 넣은 래디얼 타이어 개발
1981년	세계 최초 항공기용 타이어 개발
1992년	세계 최초 친환경 타이어 개발
2005년	세계 최초 공기 없는 타이어 개발

미쉐린(Michelin)은 1889년 미쉐린 형제가 설립한 프랑스의 타이어 제조업체이다.

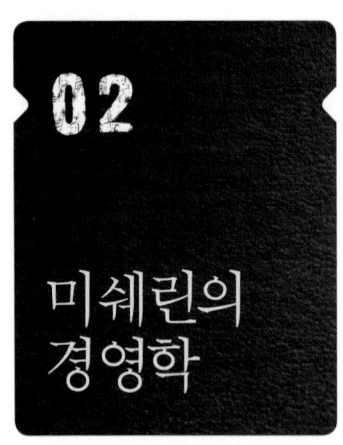

02 미쉐린의 경영학

'인간의 이동성 향상'을 사명으로 운전자 불편 해소 위해 온 힘

프랑스에 본사를 둔 타이어 제조회사 미쉐린의 기업 핵심가치는 '인간의 이동성 향상'이다. 미쉐린사社는 설립 초기부터 단순히 타이어를 파는 게 아니라 자동차 문화를 파는 것으로 기업이 나아가야 할 방향을 정했다. 주요 도로에 번호 부여, 안내표지판 설치, 지도와 가이드북 공급 등 차별화된 시도를 한 것도 이 같은 사명에서 비롯되었다. 자동차가 많이 팔려야 타이어도 그만큼 많이 팔리고, 그러려면 운전자들의 불편을 해소하는 게 우선이라고 생각한 것이다.

앙드레 쥘 미쉐린과 동생 에두아르 미쉐린

    자전거 타이어에서 시작해 자동차나 항공기 타이어에 금속을 넣은 래디얼 타이어, 펑크 나지 않는 트윌 타이어 등 '세계 최초'라는 타이틀이 붙은 혁신제품을 100년 넘게 내놓은 것도 장기 목표와 미션 아래 제품 혁신에 몰두했기에 가능했다. 미쉐린은 지금도 6,600여 명의 개발 인력을 두고 매출액의 3% 이상을 기술개발에 투자하고 있다.

    미쉐린은 1889년 앙드레 미쉐린André Jules Michelin과 에두아르 미쉐린Édouard Michelin 형제가 프랑스 중부의 작은 도시 클레르몽-페랑에 할아버지 사업을 물려받아 시작한 고무 제품 공장에서 시작됐다. 1853년 프랑스 파리에서 태어난 앙드레 미쉐린은 촉망받는 엔지니어였으나 할아버지가 운영하는 회사가 파산 직전에 이르자 서른세 살 때인 1886년 사업에 뛰어들었다. 그의 할아버지가 1832년 설립한 '미쉐린 동부 CIE'는 농기구와 벨트, 밸브, 파이프 등 가황 고무 제품을 판매하는 회사였다. 1888년, 앙드레는 예술가이자 그보다 여섯 살 어린 동생 에두아르 미쉐린을 사업에 끌어들였다.

1891년, 한 영국인 경륜 선수가 펑크 난 자전거 타이어를 수리하기 위해 미쉐린 형제의 공장을 찾았다. 그 당시 자전거 타이어는 쇠바퀴에 고무 타이어가 붙어 있는 일체형이었다. 펑크 난 타이어를 수리하기 위해서는 쇠바퀴에서 타이어를 분리한 후 이를 때우고 다시 바퀴에 붙여야 했다. 수리하는 데 서너 시간씩 걸리고, 수리가 끝난 뒤에는 밤새 말려야 하는 번거로운 작업이었다. 미쉐린 형제는 고민 끝에 '15분 만에 교체 가능한 착탈식 타이어'에 대한 아이디어를 얻는다. 이들은 신속한 수리가 가능한 자동차용 타이어에 대한 수요도 분명 있을 것으로 내다봤다. 이것이 미쉐린사의 본격적인 시작이었다.

'세계 최초', '최신 기술' 제품을 잇달아 시장에 내놓다

1891년 최초의 착탈식 자전거 타이어를 개발한 미쉐린은 그해 파리-브레스트-파리 경륜 대회에서 이를 선보였다. 당시 미쉐린이 만든 타이어로 대회에 출전한 경륜 선수 샤를 테롱 Charles Terront은 2등과 무려 9시간 격차라는 압도적인 기록으로 우승을 차지했다. 이후 미쉐린은 '세계 최초', '최신 기술'이라는 수식어를 단 제품을 잇달아 세상에 내놓았다. 1895년에는 자동차용 고무 타이어를 최초로 개발하는가 하면, 1946년에는 세계 최초로 타이어에 금속을 넣은 제품인 '래디얼 타이어'를 만들어 냈다. 타이어 역사를 새로 쓴 기념비적 발명품 래디얼 타이어는 기존 타이어보다 30~40% 높은 내구성으로 시장의 판도를 바꾸며, 미쉐린의 고도성장을 이끌었다. 당시 미국 타이어시장의 강자였던 파이어 스톤은 우수한 성능의 래디얼 방식을 거부하고 기존 방식을 고집하다가 시장주도권을 상실하기도 했다.

이 밖에도 1981년 세계 최초 항공기용 타이어, 1992년 최초로 친환경 타이어인 '그린 타이어'와 2005년 공기 주입이 필요 없고 모양이 지면에 따라 유연하게 변형되는 '트윌 타이어' 등 미쉐린은 남들보다 한발 앞서 혁신적인 제품을 내놓으며 시장을 선도했다. 그 결과, 미쉐린은 '한우물 기업'임에도 불구하고 다양한 생산 제품군을 보유할 수 있었다. 현재 미쉐린은 일반 승용차에서부터 항공기, 농기계, 트럭에 이르기까지 거의 모든 차량의 타이어를 특화 생산하고 있다.

미쉐린은 타이어를 만들어 이동성 향상에 기여한다는 창업 정신을 계승하기 위해 매년 5억 유로 이상을 연구개발에 투자한다. 아무리 경기가 나빠져도 연구개발 투자비를 줄이지 않는 것을 원칙으로 하고 있다. 연구개발비 가운데 20%는 기간을 정해 두지 않은 장기적 관점의 기술개발에 쓰이고 있다. 미쉐린의 연구개발 인력은 대략 6,000여 명에 달한다. 세계 곳곳에 자

리 잡은 미쉐린 연구개발센터의 하루 테스트 거리는 무려 18억km(지구 25바퀴)에 이른다. 고객의 안전과 더불어 환경까지 생각하며 전 세계 사람들이 즐겁게 이동하는 데 도움이 되고 싶다는 미쉐린의 경영철학이 잘 드러나는 부분이다.

'비벤덤'과 《미슐랭 가이드》로 현실화된 감성마케팅

어떻게 하면 인간의 이동성을 안정적이고 효과적으로 높일 수 있을지를 늘 고민하는 미쉐린이기에 기업 내 혁신도 늘 그에 초점을 맞춘다. 미쉐린의 혁신은 단순히 제품 품질 향상에만 그치지 않는다. 타이어로 인간의 이동을 더 안전하고 행복한 경험으로 만들려는 노력은 미쉐린의 마스코트 '비벤덤'과 《미슐랭(미쉐린) 가이드》로 현실화됐다. 비벤덤과 《미슐랭 가이드》는 미쉐린이 단순히 타이어를 생산하는 제조 기업이 아니라 이동 문화를 창조하는 기업임을 보여 주는 대표적인 사례라 할 수 있다.

'타이어맨Tire Man' 혹은 '미쉐린맨Michelin Man'으로 불리는 살아 있는 타이어 '비벤덤Bibendum'은 미쉐린 형제의 상상력과 재능 있는 포스터 미술가 오갤럽O' Galop의 붓터치가 합쳐져 탄생한 미쉐린의 캐릭터다. 1894년 리옹 국제전시회에서 미쉐린 형제는 흥미롭게 생긴 타이어 더미를 발견하고 "팔만 있으면 사람 같겠어."라는 이야기를 나눴다. 이후 1898년 앙드레 미쉐린은 오갤럽이 그린 한 식당의 포스터를 보고, "맥주잔을 들고 있는 거인 대신 사람 형상을 한 타이어 더미가 못과 깨진 유리 조각이 들어 있는 잔을 들고 있으면 어떨까?" 하는 생각을 했다.

미쉐린의 마스코드 '비벤덤'

그 포스터에 라틴어로 적힌 "Nunc est Bibendum(자, 이제 한잔합시다!)"라는 호라티우스의 글귀는 미쉐린의 포스터에서 "건배! 미쉐린 타이어가 모든 장애물을 마셔버리겠소!"라는 말로 대체되었다. 당시 소비자들의 골칫거리였던 타이어 펑크 문제를 해결했다는 자신감이 위트 있게 표현된 것이다. 이렇게 해서 탄생한 미쉐린의 상징 '비벤덤'은 딱딱하게 느껴지는 타이어라는 제품을 소비자에게 친근하게 설명하는 든든한 대변인으로 100년 이상 미쉐린의 곁을 지켰다. 캐릭터 마케팅의 성공은 미쉐린 브랜드의 가치를 키우는 한편 향후 많은 기업이 벤치마크할 수 있는 교본이 됐다.

자동차 산업 초창기인 1900년대 초, 주유소, 정비소, 표지판 등이 부족한 상황에서 길을 따라 운전하는 것은 큰 모험이었다. 이에 미쉐린 형제는 타이어를 구매하는 고객들에게 여행안내 책자를 무료로 선물하기 시작했는데, 이 책자에는 자동차 관리 방법부터 시작해서 정비소, 호텔, 식당 정보 등이 다채롭게 담겨 있었다. 이것이 매년 전 세계적으로 1,700만 부 이상 판매되는 《미슐랭 가이드》의 탄생 배경이다. 초창기의 《미슐랭 가이드》는 타이어에 대한 정보와 도로 법규, 자동차 정비 요령, 주유소 위치 등이 주된 내용이었고, 식당에 관한 비중은 그다지 크지 않았다. 하지만 해가 갈수록 호평을 받자 1922년부터는 유료로 판매하기 시작했고, 대표적인 식당 지침서로 명성을 얻게 됐다. 이후 100년 동안 엄격한 평가 기준과 정보의 신뢰도를 바탕으로 명성을 쌓아 오늘날 《미슐랭 가이드》는 '미식가들의 성서'로 불린다.

현재 《미슐랭 가이드》는 식당 정보를 전문적으로 소개하며 식당 등급에

1900년에 발행된 최초의 《미슐랭 가이드》

따라 별점을 부여하는 '레드 시리즈'와 여행 정보를 소개하는 '그린 시리즈'로 나뉘어 발행된다. 레드 시리즈는 식당과 호텔을 평가하는 전담 요원을 각 음식점에 파견해 음식 맛과 가격, 분위기, 서비스 등을 바탕으로 일정 수의 식당을 엄선한 후, 다시 이들 가운데 뛰어난 식당에 별(최고 별 3개)을 부여하는 방식으로 등급을 매긴다. 《미슐랭 가이드》에서 별 3개를 획득하는 요리사와 식당은 최고의 명성을 누리게 된다.

우리의 미래를 바꿔 놓을 창의적 발명품 '미쉐린 트윌'

'미쉐린 트윌Tweel'은 타이어와 휠이 결합된 일체형 제품으로 펑크 걱정이 없는 타이어다. '트윌'은 타이어Tire와 휠Wheel의 합성어로, 강철로 된 전단보Steer Beam와 단단하면서도 변형이 가능한 중심축으로 이어주는 고무, 트레드밴드 원주로 하중을 골고루 배분해 주는 폴리우레탄 바큇살로 구성됐다. 트윌은 NASA의 달 유인탐사 로버 LRV에 적용되어 화제를 모으기도 했는데, 2005년 11월 《파퓰러 사이언스Popular Science》지에 의해 '우리의 미래를 바꿔 놓을 100가지 창의적 발명품Best of What's New'으로 선정된 바 있다.

'액티브 휠'은 미쉐린 기술 혁신의 집약체로 '스스로 움직이는 타이어'로 불린다. 2008년 파리 오토 모터쇼에서 세계 최초로 공개되었는데, 자동차의 하부 구조인 섀시에서 담당하는 기능인 구동과 제동, 서스펜션 기술이 모두 타이어와 알루미늄 휠 안에 들어간 제품이다. 기존 엔진룸을 차지하던 엔진, 기어박스, 클러치, 트랜스미션 축, 변속·완충장치 등이 타이어 속으로 들어가기 때문에 차량의 구조가 근본적으로 바뀌게 된다. 현재 미쉐린이 실험 중인 액티브 휠에는 30kW의 출력을 내는 전기모터가 들어

미쉐린 X트윌 타이어와 액티브 휠

가는데, 네 바퀴에 모두 액티브 휠을 쓰면 2.5 l 가솔린 엔진을 능가하는 출력이 발생한다.

미쉐린은 자동차 산업 초창기부터 모터스포츠에 많은 관심을 기울여 왔다. 레이싱은 극한의 상황에서 기술적 혁신을 실전 테스트할 수 있는 최상의 실험실이기 때문이다. 미쉐린 타이어는 챔피언십 레이싱을 통해 지속적으로 가장 혹독한 환경을 경험하며 진보해 왔다. 레이싱은 일반 도로에서 사용되는 타이어의 발전에도 필수적인 역할을 했다. 트랙에서 테스트되고 모든 요구조건을 충족한 타이어를 기반으로 일상생활에서 사용되는 타이어를 개발하고 있다.

미쉐린이 처음 레이싱에 참가한 것은 1891년이다. 샤를 테롱Charles Terront은 미쉐린의 탈착식 타이어를 사용하여 파리-브레스트 왕복구간 1,200km를 71시간 18분이라는 신기록으로 완주하며 우승을 차지했다. 2위와 비교하여 무려 9시간 앞선 기록을 세워 미쉐린 타이어의 우수성을 증명하는 첫 무대가 됐다. 이후 유명한 르망 24 경주에서는 1923년에 첫 우승을 차지한 이후 2013년까지 총 23회 우승하는 진기록을 세웠다. 월드

레이싱 카에 장착된 미쉐린 타이어

랠리 챔피언십 경주에서는 1973년 첫 우승 이후 2013년까지 총 21회 우승을 거머쥐었다. F1 레이싱에서도 1978년 첫 우승 이후 2006년까지 총 9회 우승하는가 하면, 지옥의 레이스로 유명한 파리-다카르 레이스에서도 1981년 처음 우승한 이후 2013년까지 트럭·바이크 부문에서 30회 우승했고, 승용차 부문에서는 총 16회 우승을 차지한 바 있다.

프랑스 장인정신과 미국식 효율경영의 조화

미쉐린은 오랜 역사에도 불구하고 과거 성공방정식에 머물지 않고 '버릴 것과 지킬 것'을 분별해 여러 경영방식의 장점을 융합했다. 자체 완결형 기술을 중시하는 자존심 높은 프랑스 기업의 특성을 보존하면서, 업계 최고 수준인 연 매출액 4% 이상을 기술개발에 재투자하고 숙련공의 장기근속을 독려해 왔다. 미국 자동차업체와 공동으로 기술을 개발하는 다른 유럽 타이어 업체와 달리 미쉐린은 대다수의 R&D 과제를 독자적으로 수행하는데, 제2차 세계대전 당시 프랑스를 점령한 독일군조차 몰랐을 정도로 기술보안에 철저하다. 당시 비밀리에 개발 중이던 래디얼 타이어 기술은 전후 미쉐린의 고도성장을 견인했다.

　미쉐린은 현대적 경영기법을 누구보다 앞서 채택하는 학습 역량도 보유하고 있다. 창업자 앙드레 미슐랭 스스로 포디즘과 테일러리즘의 열렬한 옹호자였다. 운영효율을 중시하는 문화는 이후 공격적 M&A1980년대, 구조조정, 유연생산방식1990년대 등 시대에 따라 다양한 모습으로 바뀌어 왔다.

에버그립 기술이 적용된 타이어의 모습

'슈퍼콘서트', '슈퍼시리즈' 등 이색적인 대형 이벤트로
문화마케팅의 새로운 이정표 제시한 현대카드

국내 카드업계의 후발주자인 현대카드는 이색적인 문화마케팅으로 '젊고 혁신적인' 이미지를 가진 카드사로 자리매김했다. 지난 2017년 4월, 영국 출신으로 국내에도 많은 팬을 확보한 최고의 록밴드인 콜드플레이의 한국 공연은 불과 2분여 만에 1차 판매 좌석이 모두 팔리는 성황을 이뤘다. 이는 현대카드가 지난 2007년 이후 10년간 선보여 왔던 슈퍼콘서트 22번째 공연이었다. 슈퍼콘서트는 매년 2~3회씩 최고 아티스트들의 국내 공연을 선보이는 현대카드의 대표적인 문화마케팅으로, 그간 비욘세, 빌리 조엘, 플라시도 도밍고, 휘트니 휴스턴, 안드레아 보첼리, 어셔, 스티비 원더, 스팅, 레이디 가가, 에미넴, 폴 매카트니 등 클래식과 팝을 불문하는 유명 아티스트들이 무대에 올랐다. 현대카드는 슈퍼콘서트의 성공과 함께 콘서트 티켓 구매 시 자사 카드 결제율이 90%가 넘는 고객 유인 효과까지 누리고 있다.

현대카드 슈퍼콘서트 '콜드플레이' 내한 공연 홍보 이미지

현대카드의 또 다른 문화마케팅 사례도 있다. 2005년 9월 '슈퍼시리즈'의 일환으로 첫선을 보인 '현대카드 슈퍼매치'가 그것이다. 한국에서 펼쳐진 세계적인 두 여자 테니스 선수 마리야 샤라포바와 비너스 윌리엄스의 대결은 높은 관심 속에 막을 내렸고, 이후 김연아의 시니어 데뷔무대인 '2006 Superstars on Ice' 등 당시 어느 기업도 시도하지 않았던 대형 스포츠 이벤트는 후발주자인 현대카드가 업계 3위로 껑충 뛰어오르는 데 결정적인 공헌을 했다. 현대카드는 슈퍼시리즈를 진행하면서 현대카드 회원에게만 우선 예매 및 20% 할인 서비스를 제공해 높은 결제율과 신규고객 유치

라는 두 마리 토끼를 모두 잡았다.

현대카드사의 성공적인 문화마케팅은 다른 카드사들에도 전파됐다. 삼성카드는 국내 우수 뮤지션들의 공연과 실력은 있지만 공연 기회가 적은 젊은 예술가들을 위한 무대를 꾸준히 선보이고 있다. 신한카드는 인디밴드 오디션 프로그램, 실험정신이 강하고 희소성 있는 공연 프로그램, 유명 인사들이 연사로 나서는 지식공유 토크 프로그램 등을 정기적으로 개최하고 있다.

문화마케팅이라는 신선한 발상으로 카드 시장 경쟁 구도에 지각변동을 일으킨 현대카드사의 혁신은 이뿐만이 아니다. 카드별 혜택을 명확하게 인지할 수 있는 알파벳 카드를 내놓는가 하면, 금색과 은색이 주를 이뤘던 기존 카드 색깔에 네온, 망고, 체리 같은 색깔을 도입하는 컬러 마케팅, '세로 카드' 같은 디자인 혁신을 선보이는 등 기존의 통념을 깨는 혁신을 계속 주도해 오고 있다는 점에서 기업 마케팅의 가장 극적이면서도 성공적인 사례로 꼽히고 있다.

비즈니스 인사이트

벤치마킹(Benchmarking)

미쉐린은 120년이 넘는 오랜 역사에도 불구하고 '버릴 것과 지킬 것'을 분별하여 여러 경영방식의 장점을 융합하는 능력을 가지고 있다. 우선 자체 기술을 중시하는 프랑스식 장인정신을 보존하고 있다. 미국 자동차업체와 공동으로 기술을 개발하는 다른 유럽 타이어업체와는 달리 미쉐린은 대다수의 연구개발 과제를 독자적으로 수행해 왔다. 한편, 미쉐린은 미국식 효율경영을 누구보다도 앞서 채택하는 학습역량도 갖고 있다. 미쉐린의 창업자는 작업의 과학적 관리로 대표되는 테일러리즘과 대량생산과 대량소비를 결합시킨 포디즘의 옹호자였고, 시대에 따라 여러 분야에서 앵글로색슨식의 경영방식을 도입하였다. 프랑스식 장인정신과 미국식 효율경영의 조화를 이루어 경영을 한 것이다. 이처럼 기업에서 경쟁력을 제고하기 위한 방법의 일환으로 타사에서 배워오는 혁신 기법이 벤치마킹Benchmarking이다.

벤치마킹의 개념

벤치마킹은 복제나 모방과는 다른 개념이다. 벤치마킹은 단순히 경쟁 기업이나 선도 기업의 제품을 복제하는 수준이 아니라 장·단점을 분석해 자사의 제품을 한층 더 업그레이드해 시장 경쟁력을 높이고자 하는 개념이다. 벤치마킹은 내부 벤치마킹, 경쟁자 벤치마킹, 기능적 벤치마킹의 세 가지 유형이 있다. 내부 벤치마킹은 같은 조직 내의 서로 다른 사업부에서 벤치마킹을 하는 것이며, 경쟁자 벤치마킹은 경쟁회사를 벤치마킹하는 것이다. 기능적 벤치마킹은 기업이 수행하는 여러 활동분야에서 가장 뛰어난 기업들을 다른 산업에서 발견하여 배우는 방법으로 미쉐린의 미국식 효율경영 벤치마킹은 기능적 벤치마킹에 해당된다.

제록스의 벤치마킹

벤치마킹의 대표적인 사례는 1979년 미국의 제록스Xerox이다. 당시 일본의 캐논 복사기는 제록스의 생산가보다 낮은 소매점 가격으로 시장의 일대 돌풍을 일으켰는데, 이로 인하여 전 세계 복사기 시장의 96%까지 점유해 왔던 제록스의 시장 점유율은 45%까지 추락했다. 이러한 위기상황에서 제록스는 벤치마킹을 통한 경영 혁신과 고객 요구에 맞는 제품 혁신을 추진하였고, 그 결과 제록스는 시간 단축, 비용 절감, 생산성과 품질 향상에 성공하게 되어 제품의 경쟁우위를 확보하고 시장 점유율을 회복할 수 있었다.

Ford Model T Advertisement 1908

1999년 프랑크푸르트 모터쇼에서 20세기 최고의 차로 대망의 1위에 오른 포드 모델 T

chapter 7

컨베이어벨트로 일궈낸
생산혁명
자동차의 대중화 이끈

Ford

- 01. 만화로 보는 에피소드 – 포드
- 02. 포드의 경영학
- 03. 에피소드 플러스 – 맥도날드, 컨베이어 벨트 시스템을
  햄버거 제조 과정에 도입하다
- 04. 비즈니스 인사이트 – 규모의 경제

01

만화로 보는 에피소드 포드

헨리 포드
Henry Ford

"만약 제가 사람들에게 원하는 게 무엇인지 물었더라면,
그들은 더 빠른 말이라고 대답했을 것입니다."

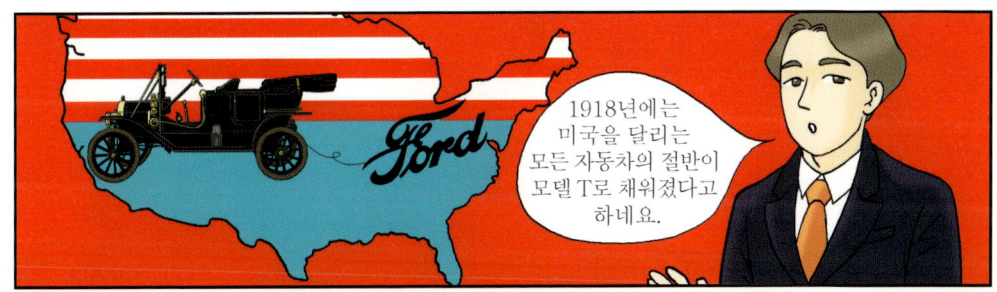

Timeline

Ford

1863년	헨리 포드 미국 출생
1891년	에디슨 전동회사 입사
1903년	포드 자동차 회사 설립
1908년	세계 최초의 대중차 모델 T 개발
1910년	대규모 자동차 공장 '하이랜드 파크(Highland Park)' 설립
1913년	컨베이어 벨트 생산방식인 포드 시스템 확립
1923년	연간 생산 대수 167만대로 미국 자동차의 1/2을 생산
1927년	모델 T 생산 중단
1936년	포드 재단 설립
1947년	헨리 포드 사망
1948년	픽업트럭 F시리즈 발표 (미국에서 34년 연속 전체 판매 1위)
1964년	머슬카의 베스트셀러 머스탱(Mustang) 발표
1991년	SUV의 베스트셀러 익스플로러 (Explorer) 발표

포드 자동차(Ford Motor Company)는 헨리 포드가 1903년에 설립한 미국의 자동차 회사로 컨베이어 생산 시스템으로 자동차의 대중화를 이끌었다.

02 포드의 경영학

포드 자동차회사의 엠블럼
포드 자동차의 엠블럼은 영문 Ford 문양을 띄고 있다.
창시자인 헨리 포드가 작은 동물을 매우 좋아해서 엠블럼 설계자는
Ford 문구를 작은 토끼 모양으로 설계했다고 한다.

기계를 사랑한 농부의 아들, 대중을 위한 차를 만들다

자동차의 대중화 시대를 선도하면서 '자동차 왕'으로 불린 헨리 포드는 1863년 7월 30일, 미국 미시간주 디트로이트 인근의 시골 마을에서 농부의 아들로 태어났다. 아버지 윌리엄 포드는 농사일을 자랑스럽게 생각하는 사람이었다. 그러나 장남인 헨리 포드는 도통 농사일에는 관심이 없었다. 그가 흥미를 갖는 분야는 기계니 발명이니 하는 것들이었다. 유일하게 자신을 이해해 주던 어머니가 세상을 떠나자 농사를 지으라는 아버지의 잔소리를 더 이상 견디지 못한 그는 집을 뛰쳐나와 디트로이트로 향했다.

15세라는 어린 나이였지만 포드는 기계공으로 취직해 자동차 제작에 몰두할 수 있었다.

평소 가솔린 엔진에 관심이 많던 포드는 1891년 에디슨 전동회사에서 본격적으로 가솔린 엔진에 대한 연구에 집중하여 1892년 자동차 개발에 성공한다. 이후 두 번의 창업 실패에도 불구하고 1903년 포드 자동차를 설립하였고, 1908년 드디어 유명한 세계 최초의 양산 대중차인 T1형 자동차를 출시한다.

젊은 시절의 헨리 포드

"우리는 대중을 위한 자동차를 만들 것입니다. 가족 혹은 그 누구라도 운전이든 정비든 손쉽게 할 수 있는 자동차입니다. 최신 기술을 총동원하여 가장 단순하면서도 최고의 성능과 재질을 가진 차입니다. 그리고 그 차의 가격은 웬만한 봉급생활자 누구나 구입할 수 있을 만큼 쌉니다."

포드가 T1 자동차 판매를 시작하면서 이런 광고를 내세우자 경쟁업체에서는 포드가 망하려고 작정한 모양이라며 손가락질했다. 실제로 T1형 자동차는 부품의 표준화를 실현하여 조작이 아주 간단했을 뿐 아니라 고장 수리도 쉽고 비용이 별로 들지 않도록 설계하여, 파격적인 가격인 850달러의 가격에 첫 판매를 시작하였다. 그리고 불과 몇 달 뒤 모두의 예상과 비웃음을 뒤엎고 포드 자동차의 T1형은 사상 최초로 연간 1만 대 판매를 돌파했다.

생산 공정 단순화와 합리화, 멈추지 않는 실험과 도전

T형의 인기가 날로 높아지자 포드 사는 늘어나는 주문을 감당할 수 없게 될 지경이었다. 헨리 포드는 이에 주주 배당을 하지 않고 내부유보를 통해 큰 자금을 투입해 근대적인 시설을 갖춘 공장을 세우기로 결심했다. T1형 자동차에서 벌어들인 순이익을 주주에게 배당금으로 지급하지 않고 기업 내에 유보하여 '하일랜드 파크' 공장과 컨베이어 벨트의 설비투자에 사용하는 배당정책을 적용한 것이다.

이로써 1910년 미국 디트로이트시 외곽의 오래된 경마장을 구입하여 세운 4층짜리^{약 7만 평} '하일랜드 파크' 공장이 문을 열었다. 이는 당시로선 꽤 큰 규모의 자동차 제조 공장이었다.

하일랜드 파크 공장에서 포드는 새로운 실험에 도전했다. 바로 생산 공정 단순화와 합리화였다. 포드는 자동차 부품을 표준화^{standardization}하고, 한 사람이 맡겨진 일만 하는 전문화^{specialization}, 그리고 여러 자동차 모델을 생산하는 것이 아니라 하나의 자동차 모델만 생산하는 단순화^{simplifica-}

1910년에 건설한 하일랜드 파크 공장

tion 시스템, 이른바 3S 시스템을 도입했다. 차체 만들기 → 타이어 끼우기, 차체 페인트 작업 → 나머지 모든 부품 조립 → 최종 검사 → 출고 순으로 위층에서 아래층으로 작업이 이어지도록 했다. 특별한 기술자만 가능했던 자동차 생산을 일반 작업자도 생산이 가능하게 되었다. 이로써 원가 절감과 함께 자동차 생산대수는 1910년 1만 9,000대에서 1912년에는 7만 8,440대로 급증했다.

세계 최초로 자동차 생산 공정에 컨베이어 벨트 시스템 도입

더 나아가 포드는 도축장 천장에 매달린 고기가 레일을 통해 작업자에게 넘겨지는 과정에서 영감을 얻어 1913년 세계 최초로 컨베이어 벨트conveyor belt 시스템을 자동차 생산 공정에 도입했다. 컨베이어 벨트는 물체를 운반하는 데 사용할 수 있는 이동식 벨트로서 19세기 말 석탄이나 광산을 운반하기 위해서 개발되었으며, 1913년 헨리 포드가 자동차 생산라인에 도입하여 조립 순서를 단순화하여 노동자가 작업대로 가서 일을 하는 것이 아니라 작업물이 이동하여 정해진 위치에 있는 작업자에게 흘러가도록 하였다.

컨베이어 벨트 시스템 이전의 생산방식은 정지 조립작업으로 작업 대상이 정지하여 있고 작업자가 그곳에 가서 일을 하게 되어 자동차 부품의 운반, 공구의 준비와 처리 등에 상당한 시간이 소요되는 문제점이 있었다. 하지만 포드의 컨베이어 벨트 시스템에서는 작업자들이 각자 정해진 자리에서 작업을 하고 작업 대상물이 컨베이어 벨트를 따라 작업자에게 이용하게 되어 불필요한 노동량을 최소로 하여 생산의 효율성을 극대화할 수 있었다.

컨베이어 벨트 도입에 힘입어 포드 자동차는 대당 조립시간을 5시간 50

분에서 1시간 33분으로 단축했다. 또한 대량 생산 체제가 가능해짐에 따라 생산비를 반값 이하로 떨어뜨리는 규모의 경제economy of scale를 일궈냈다. 이로써 자동차 가격은 최초 가격 825달러에서 290달러까지 하락했다. 자동차 가격이 1달러씩 줄어들 때

세계 최초로 자동차 생산 공정에 도입한 컨베이어 벨트 시스템

마다 1,000명의 새로운 고객이 탄생하면서 1918년, 미국 자동차의 절반이 포드 사의 T형 자동차로 채워졌다.

생산 비용이 줄어든 만큼 노동자들에 대한 대우도 달라졌다. 포드는 1914년 노동자들의 노동 시간을 하루 8시간으로 줄이고 하루 최저 임금을 5달러로 인상한다고 발표했다. 그 당시 미국의 노동자들은 하루 9시간 일한 대가로 평균 2.38달러를 받았다.

포드는 자동차가 가격이 너무 비싸서 귀족들만 탈 수 있는, 수요의 가격탄력성이 매우 높은 상품이라는 것을 인지하고, 중산층이 접근할 수 있는 낮은 가격으로 시장 성장을 실현시키는 시장침투 가격 전략을 실행하였다. 수요의 가격탄력성이란 상품의 가격이 변동할 때 이에 따라 수요량이 얼마나 변동하는지를 나타내는 것으로, 수요의 가격탄력성이 높으면 높을수록 수요가 가격에 민감하게 반응함을 뜻한다. 농산물과 같은 생활필수품은 가격탄력성이 낮고, 자동차와 같은 고가품은 탄력성이 크기 때문에, 포드는 매우 낮은 가격으로 시장에 진입하여 단기적으로는 이익을 희생하

는 대신, 장기적으로 이를 상쇄하고도 남을 정도의 이익을 얻은 것이다.

마케팅 믹스4P 중 가격Price에서 시장침투 가격 전략을 편 것과 함께 유통Place에서도 그의 새로운 도전은 멈추지 않았다. 지역 딜러를 활용한 프랜차이즈 영업망을 최초로 도입한 것이다. 별도의 비용을 들여 독자적인 영업망을 구축하는 대신 그 비용을 딜러에게 지급하는 방식으로 자발적 영업에 충실할 수 있게 한 것이다. 포드는 생산자가 소비자에게 직접 판매하지 않고, 딜러라는 중간상을 통하여 판매하는 간접유통을 실시하여 소비자의 시간과 공간적 편의를 증가시켜 매출의 기회를 확대하였다. 기존의 자동차 제조회사들은 직접 소비자들에게 직접 판매하는 형태의 유통을 사용해 오고 있었다.

100여 년이 지난 지금도 여전히 유효한 포디즘

포드 시스템은 경영학자 테일러가 정립한 이론인 과학적 관리법Scientific management과 함께 대표적인 과업 중심의 경영이론이다. 테일러리즘Taylorism이라고도 하는 과학적 관리법은 경영학자 테일러가 19세기 말에 정립한 기법으로 노동자들의 직무를 세분화한 후 이 각각에 대해 시간 연구time study를 통해서 노동의 표준량을 정하고, 임금을 작업량에 따라 지급하는 작업관리

자동차의 대중화 시대를 이끈 T형 자동차

방법으로, 포드 시스템은 이동조립법과 생산의 표준화로 대량 생산을 이루어 저가격, 고임금을 만들어 낸다. 이는 인간의 행동이 합리적, 경제적 동기에 의하여 이루어진다는 기본 가정을 바탕에 두고 있다. 또한 노동생산성의 향상에 따른 기업의 지불능력 증가로 5달러 선언처럼 노동시장에서 경쟁력 있는 임금 수준을 유지하였고 유능한 인재들을 확보하게 되었다.

그 무엇보다 헨리 포드가 이룩한 가장 놀라운 성과는 소수 계층만이 이용하던 자동차를 누구나 이용할 수 있는 대중적인 공산품으로 바꾸어 놓은 것이다. 포드는 창업 초기부터 미래에 대한 공포와 과거에 대한 존경을 버릴 것, 경쟁을 위주로 일하지 말 것, 봉사가 이윤에 선행할 것, 값싸게

대량 생산방식으로 자동차를 대중화한 헨리 포드

제조하여 값싸게 팔 것 등 4개의 경영원칙을 강조하는 포디즘Fordism을 만들었다. 대량생산, 대량소비의 결합에 기초한 포디즘은 노동관리와 기계화에 기초한 생산방식을 주장하는 테일러주의와 경제정책과 사회복지에 기초한 총수요관리를 강조하는 케인즈주의와 함께 자본주의의 전성기를 가능하게 했던 경제성장체제로 평가 받는다. 포디즘에서 말하는 봉사란 일반 대중의 생활 수준의 향상과 구매력을 증가시키는 것을 의미하는데, 포드는 이것이 저가격-고임금, 즉 자동차의 가격을 인하하고 임금을 인상함으로써 가능해 진다고 생각하였다.

포드 머스탱 2017년형

포드는 《리치스트》지에서 역사상 9위의 부자로 선정되었다. 그의 재산은 현재 시가로 따져 1,990억 달러에 이르며, 이 금액은 마이크로소프트 창업자인 빌 게이츠 재산의 2배를 넘는 액수이다.

포드는 1936년 자신이 모은 재산의 대부분인 5억 달러를 기부하여 포드 재단을 설립했다. 포드 재단은 자선단체로 운영되며 민주주의의 가치 보존, 가난과 부정의 일소, 인류복지 증진을 위한 국제적 협력을 설립 목적으로 하여 교육진흥에 크게 공헌하고 있다.

100여 년 전 포드가 선보인 대량 생산 시스템은 여전히 전 세계 공장의 표준 모델이 되고 있다. 하지만 노동을 단순화시키고 노동자를 부품화시킨 포디즘에 대한 비판도 적지 않다. 찰리 채플린은 1936년 영화 〈모던 타임즈〉에서 포드 사가 노동자의 시간과 동작을 컨베이어 벨트에 의해 중앙 통제하고, 노동자를 부속품처럼 소모하고 있다고 비판했다.

맥도날드, 컨베이어 벨트 시스템을
햄버거 제조 과정에 도입하다

맥도날드는 헨리 포드가 자동차 생산 단계에서 효율을 극대화시키기 위해 고안한 컨베이어 벨트 시스템을 매장으로 끌어들였다. 맥도날드는 고객의 욕구를 충족시킬 수 있도록 햄버거를 만들어 내는 전 과정을 표준화, 분업화시킨 것이다. 맥도날드 햄버거는 익히 알려진 바와 같이 빵 두께 아래위 17밀리, 채소 두께 10밀리를 유지하고 있다. 이 수치는 평균적인 입 크기를 가진 고객들이 햄버거를 빠르게 먹을 수 있는 동시에 음식이 주는 행복감을 극대화할 수 있는 크기이다. 또한 주방에서는 햄버거 패티만 굽는 직원, 프렌치프라이만 튀겨 내는 직원, 소스만 다루는 직원 등 철저한 분업

맥도날드는 헨리 포드가 고안한 단계별 분업화, 표준화 시스템을 햄버거 매장에 도입했다.

화 과정이 이루어졌다.

맥도날드의 효율화 전략은 여기에서 그치지 않는다. 설거지하는 시간을 줄이기 위해 도자기나 유리로 된 식기를 사용하지 않고 일회용 종이나 플라스틱 제품을 사용한 것이다. 게다가 주문을 받은 지 60초 안에 고객이 주문한 음식을 제공하기 위해 음식 만드는 과정을 누구나 쉽게 배울 수 있는 작업으로 단순화시켰다. 그로 인해 맥도날드는 언제, 어느 곳에서나 가장 빠른 시간에 최고의 맛과 품질을 지닌 햄버거를 제공하게 되었다.

헨리 포드 효과는 맥도날드를 넘어 인도에까지 영향을 미쳤다. 인도 아라빈드 병원의 설립자인 고빈다파 벤카타스와미는 미국을 여행하던 중에 맥도날드 매장의 영업 형태에서 아이디어를 얻어 그의 병원에도 컨베이어 벨트 시스템을 도입했다. 결과적으로 이 병원은 미국에서 1,800달러의 비용을 치러야 하는 백내장 수술을 18달러에 제공하여 수많은 인도인들을 암흑에서 해방시킬 수 있었다. 수술대 하나에 한 명의 환자가 누워 있는 다른 병원 수술실과는 다르게 아라빈드 병원 수술실에는 여러 대의 수술대가 나란히 놓여 있고 각각의 수술대에는 환자가 누워 있다. 여러 명의 수술이 동시에 진행되는 것이다. 분업화에 따라 수술대에서 전문의가 가장 중요한 수술을 끝내면 보조의와 간호사들은 난도가 낮은 다음 단계의 수술을 진행한다. 아라빈드 병원은 이러한 프로세스 도입으로 의사의 숙련도는 더욱 높이고 수술 실패율은 줄였다. 무엇보다 인도인들의 대표적 질병 가운데 하나인 백내장을 저렴한 비용으로 치료할 수 있는 길을 열어 자국의 복지를 증진시켰다는 평가를 받고 있다. 포드 시스템이 낳은 컨베이어 벨트 시스템이 맥도날드에 영향을 미치고 맥도날드는 다시 아라빈드 병원에 영향을 미쳐 빛을 잃은 인도인들에게 광명이라는 큰 선물을 안기게 된 것이다.

포드 랩터 2017년형

규모의 경제

포드는 도축장 천장에 매달린 고기가 레일을 통해 작업자에게 넘겨지는 과정에서 영감을 얻어 1913년 세계 최초로 컨베이어 벨트Conveyor belt를 자동차 생산 공정에 도입했다. 컨베이어 벨트 도입에 힘입어 포드 자동차는 대당 조립시간을 5시간 50분에서 1시간 33분으로 단축하였고, 생산비를 반값 이하로 떨어뜨리는 규모의 경제Economy of scale를 일궈냈다.

규모의 경제Economy of scale
규모의 경제는 생산량의 증가에 따라 단위당 생산비가 감소하는 현상을 말한다. 예를 들면 생산량이 두 배로 증가할 때 생산비용이 두 배보다 덜 증가하는 경우를 '규모의 경제'라고 한다. 규모의 경제는 생산설비의 규모에 따라서 발생하기도 하지만 구매, 연구개발, 유통, 광고와 같은 활동에서도 뚜렷하게 나타난다. 규모의 경제는 다음과 같이 두 가지 원천에서 발생한다.

비분할성과 분업화

첫째, 규모의 경제는 투입요소의 비분할성 Indivisibility에서 발생한다. 비분할성이란 생산에 필요한 투입요소를 일정량 이하로는 구매할 수 없는 경우를 말한다. 예를 들면 트럭은 1/3을 구입할 수는 없는 것이다. 따라서 고정비와 연구개발비에 많은 투자가 필요한 산업에서 생산규모가 커짐에 따라 규모의 경제는 유리하게 적용된다. 둘째, 규모의 경제는 노동의 분업화에서도 발생한다. 모든 생산요소의 투입을 두 배로 증가시킬 때 생산량은 두 배 이상으로 증가하는 현상을 규모에 대한 수확증가 Increasing returns to scale라고 하는데, 규모에 대한 수확증가의 대표적 원인은 분업 및 생산의 학습효과이다.

규모의 경제의 제약

소비자들이 표준화된 제품을 싸게 사는 것보다 다소 가격이 높더라도 다양한 제품을 원한다면 한 가지 제품을 대량생산하여 비용을 낮출 수 있는 기회가 그만큼 제한되기 때문에 제품차별화의 정도가 클수록 규모의 경제는 제약된다. 화장품 같은 산업에서는 소비자들의 수요가 다양하기 때문에 규모의 경제를 충분히 활용할 수 없다. 다양한 종류의 자동차를 원하는 소비자들의 욕구가 커져서 T모델 한 가지 제품만으로 규모의 경제를 달성하였던 포드는 제품차별화에 성공한 GM에게 자동차의 패권을 넘겨주게 된 것이다.

Prius Plug-in Hybrid
엔진과 전기모터를 번갈아 사용하는 하이브리드 프리우스

chapter **8**

'Just in Time' 경영방식을 도입 가장 빠르게 성장한 자동차 회사 도요타

Toyota

- 01. 만화로 보는 에피소드 – 도요타
- 02. 도요타의 경영학
- 03. 에피소드 플러스 – 도요타의 'JIT(Just In Time)'
- 04. 비즈니스 인사이트 – TPS (도요타 생산방식)

01

만화로 보는
에피소드
도요타

도요타 사키치
Toyoda Sakichi

"끊임없는 개선으로,
사람을 편하게 해주겠다."

바로 렉서스죠. 이 차는 양산품으로는 세계 최초인 8단 자동기어가 탑재되어 있습니다.

럭셔리 브랜드에서도 도요타는 히트상품을 만들어 냅니다.

생산방식에서도 혁신을 가져오는데, 그 유명한 'JIT 시스템'입니다.

목표
운반의 제로화

부품조립라인

협력공장 | 트럭 | 수입장·부품적치장소 | 라인 적치장소 | 조립라인 | 출하 | 고객

JIT(Just In Time) : 적기에 공급과 생산을 이뤄 재고비용을 최대한으로 줄이는 생산시스템.

도요타 Toyota | 287

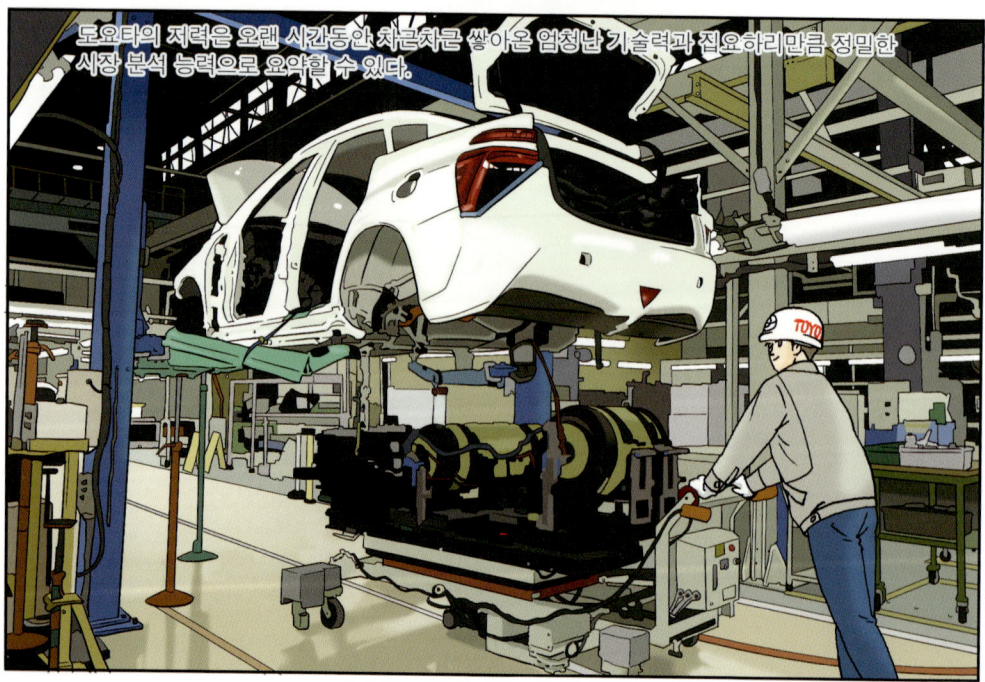

Timeline

Toyota

1894년	도요타 기이치로 일본 출생
1937년	도요타 자동차공업(주) 설립 (도요타 기이치로)
1950년	도산 위기로 자동차 생산과 판매 분리
1952년	도요타 기이치로 사망
1955년	승용차 '크라운(Crown)' 출시
1966년	소형차 '코롤라(Corolla)' 출시
1967년	도요타 에이지 사장 취임 (1967~1982)
1978년	오노 다이이치 《도요타 생산방식》 출간
1989년	고급승용차 '렉서스(Lexus)' 출시
1997년	하이브리드 카 '프리우스(Prius)' 출시
2008년	세계 자동차 판매량 1위 등극
2010년	1,000만 대 이상 대규모 리콜 사태

도요타자동차(Toyota Motor)는 1937년 도요타 기이치로가 설립한 일본을 대표하는 세계적인 자동차 제조회사이다.

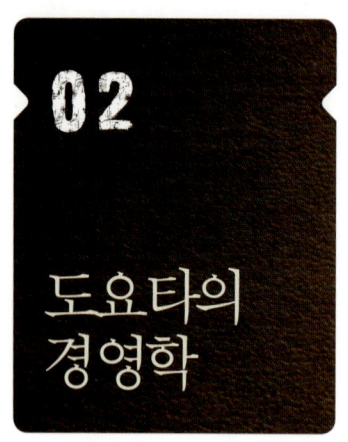

02 도요타의 경영학

가장 빠르게 성장한 회사이자 세계 자동차 판매량 1위 기업

세계에서 가장 빠르게 성장한 자동차 회사, 2008년부터 2015년까지 단 한 해(2011년)만 제외하고 무려 7년간 거의 연속으로 세계 자동차 판매량 1위를 기록한 자동차 회사는 어디일까? 그것은 다름 아닌 일본 최대의 기업 도요타Toyota이다.

도요타는 일본의 발명왕으로 불리던 도요타 사키치豊田佐吉, 1867~1930가 일본 아이치현에 설립한 도요타자동직기제작소豊田自動織機製作所에서 비롯되었다. 시즈오카현 야마구치의 가난한 목수 집안에서 태어난 도요타 사키치의 학력은 초등학교 졸업이 전부이

다. 장남으로서 목수인 아버지의 가업을 이어야 했지만, 사키치는 다른 길을 가고자 했다. 당시 일본 내에서 가장 많이 쓰인 면포를 효율적으로 생산하기 위한 직기를 만들기로 한 것이다.

집안의 반대에도 불구하고 사키치는 시행착오를 거듭한 끝에 '도요타식 목제인력직기'를 만들어 내는 데 성공한다. 그는 여기에서 멈추지 않았다. 끊임없이 기존 제품의 단점을 보완하여 총 6개에 이르는 직기를 만들었고, 1924년에는 'G형 자동직기'를 개발해 냈다. G형 자동직기는 한 명의 작업자가 4개의 직조기를 동시에 제어·관리할 수 있었으며, 실이 끊기면 자동으로 기계를 정지시키는 기능까지 갖추고 있었다. G형 자동직기의 성공으로 사키치는 도요타자동직기제작소를 설립하고 직조기와 방적기 제작에 몰두할 수 있었다.

G형 자동직기

도요타 사키치

도요타 기이치로

1927년 사키치는 영국 플랫 브라더스Platt Brothers사에 10만 파운드를 주고 G형 자동직기의 특허권을 양도했다. 엔화로는 100만 엔, 오늘날 가치로 환산하면 100억 원 이상에 이르는 거금이었다. 도요타자동직기제작소는 이 자금으로 새로운 도약의 발판을 다졌다. 도쿄대 기계공학부를 졸업하고 27세부터 아버지 회사에서 엔지니어로 일하던 사키치의 장남 도요타 기이치로豊田喜一郎, 1894~1952가 회사 내에 자동차 부서를 새로 두게 된 것이다.

도요타자동차공업주식회사의 탄생과 뒤이은 위기

기이치로는 아버지의 바람이기도 했던 국산 승용차 생산을 위해 1934년 9월 도요타 최초의 자동차 엔진 'A형 엔진' 개발에 성공한다. 한편으로는 사키치의 기업 경영철학을 정리한 '도요타 강령'을 발표하여 기업문화 형성의 기본 틀로 삼았다. 국가와 사회에 공헌하고, 시대의 선두에 서며, 사치를 경계하고, 가족 같은 팀워크를 구축하고, 늘 감사하는 마음을 가지라는 5가지 항목으로 된 '도요타 강령'은 도요타 경영의 핵심이자 이념적 토대가 되었다.

기이치로는 직기를 생산하던 컨베이어 시스템을 자동차 생산 과정에 도입하여 1936년 A형 엔진을 탑재한 도요타 최초의 자동차 AA형을 출시했다. 이어 1937년에는 G1형 트럭을 생산하고, 도요타자동직기제작소에서 독립하여 도요타자동차공업주식회사를 설립하기에 이른다.

태평양 전쟁이 일어나자 도요타자동차는 군수공장으로 지정받아 군수용품과 트럭 생산에 주력했다. 그러나 일본이 제2차 세계대전에서 패하자 경영 위기에 봉착했다. 엎친 데 덮친 격으로 생산 인원 감축 반대와 도요타 기이치로의 해임을 요구하는 노동조합의 총파업으로 노사 관계는 최악으로 치달았다.

G1형 트럭

'도요타 중흥의 신' 이시다 타이조

도요타를 위기에서 구한 것은 일본은행이었다. 도요타의 파산이 가져올 타격을 막고자 긴급 융자단을 편성한 것이다. 융자단은 기업을 재건하기 위해 생산과 판매를 분리할 것을 요구했다. 1950년 4월, 도요타는 도요타자동차공업과 도요타자동차판매로 분리되어 1982년까지 이 체제를 지속했다. 또한 도산 위기와 파업에 대한 책임을 진 채 기이치로 사장은 일선에서 물러나고 도요타자동직기 사장인 이시다 타이조石田退三가 사장으로 취임했다.

'도요타 중흥의 신'으로 불리는 이시다 타이조는 낭비와의 전쟁을 선언하며 회사 살리기에 나섰다. 벼랑 끝의 위기에서 도요타가 다시 재기에 성공한 것은 한국전쟁이 터지고 여기에 투입된 미군이 군용트럭 1천 대를 대량 주문하면서였다. 이시다 타이조의 지휘 아래 도요타는 전쟁 특수를 톡톡히 누리는 한편, 낭비를 제거하고 문제에 대한 답을 현장에서 구하는 현장 중심 경영의 DNA를 체득했다. 그 결과, 도요타는 1950년 이후 지금까지 한 번도 적자를 낸 적이 없는 기업으로 자리 잡았다. 또한 이러한 기업문화는 1953년 도요타 생산방식TPS, Toyota Production System의 탄생을 낳는 밑거름이 되었다. 자원의 낭비를 없애는 것을 목표로, 부품 재고량을 '제로(0)'

에 가깝게 유지하면서 필요할 시점에서 필요한 부품으로 필요한 차를 만드는 것이다. TPS에 힘입어 1955년 도요타는 '크라운Crown'을 출시하고 다시 1957년 '코로나Corona'를 출시하여 미국에 수출하는 등 큰 성공을 거둔다.

50여 년간 4천만 대 이상 팔린 '도요타 코롤라'

1966년 출시한 '코롤라Corolla'로 도요타는 닛산을 누르고 일본 내 1위 자동차 회사로 부상한다. 코롤라는 뛰어난 연비와 저렴한 가격으로 1973년 석유파동 때 누적생산 1천만 대를 돌파하는 진기록을 달성했다. 코롤라는 작고 보잘것없으며 저렴한 자동차였지만 잔 고장이 없고 무난한 차라는 것이 장점으로 주목받으면서 전 세계 사람들에게 사랑받는 자동차가 되었다. 코롤라는 자동차 역사상 가장 많이 판매된 준중형급 세단이자 현재도

1966년 출시한 코롤라 제1세대

그 기록을 경신해 가고 있다. 지난 50여 년간 총 4천만 대 이상이 팔려나갔으며 2016년 상반기 전 세계 판매량 1위를 차지하는 등 여전히 식지 않는 인기를 누리고 있다.

1967년 사장으로 취임한 도요타 에이지豊田英二는 여러 면에서 도요타의 사장으로 적임자임에 틀림없는 인물이었다. 기이치로의 사촌 동생이기도 한 도요타 에이지는 도쿄대 기계공학과를 졸업하고 도요타자동직기에 입사해 수많은 업적을 쌓으면서 사장까지 지냈다. 코롤라의 탄탄한 성공 뒤에는 경영은 물론 생산과 기술에 이르기까지 총괄지휘를 맡은 에이지의 빛나는 전략과 판단이 있었다.

에이지는 1983년 또 한 번 큰 결단을 내린다. 프리미엄 시장 진출을 위해 '렉서스Lexus'라는 브랜드를 출범한 것이다. 이로써 도요타는 창사 50년 만에 새로운 전기를 맞게 되었다. 1989년 출시한 LS400은 각종 만족도 조사에서 BMW, 벤츠BENZ, 아우디AUDI를 누르고 품질과 신뢰성 면에서 높은 점수를 받으며 고급 자동차 시장을 석권했다. 50여 년 이상 파업과 노동쟁의가 없었다는 것도 도요타 에이지가 일군 성과 중 하나였다. 경영 악화와 경기 침체를 이유로 직원을 해고하는 일이 없는 도요타 방식은 여전히 많은 기업의 본보기가 되고 있다.

코롤라의 성공을 주도한 도요타 에이지

전 세계의 이목을 모은 오노 다이이치의 '도요타 방식'

도요타의 역사에서 빼놓을 수 없는 인물 중 하나가 오노 다이이치大野耐一이다. 1943년 도요타방직에서 도요타자동차로 전직한 후 공장장을 역임하고 1975년 도요타자동차 부사장에 취임한 그는 도요타 기이치로가 고안한 적기수급適期需給방식, 즉 'JIT Just in Time'을 과학적으로 정립해 생산 과정에 적용했다. 20세기 초 헨리 포드가 완성한 대량생산방식은 개성과 변화를 추구하는 시장 상황에서 더는 먹혀들지 않는다고 판단했다. 오노 다이이치는 철저한 원가 절감을 통해 석유파동과 엔고高의 파고를 순조롭게 넘기면서 세계 산업계에 새로운 이정표를 제시했다. 그는 1978년《도요타 생산방식》을 출간하고 "기계에 인간의 지혜를 부여하라."라는 주장과 함께 사람과 기계의 공존을 외쳤다. "마른 수건이라도 지혜를 짜내면 물이 나온다!"라는 그의 말은 작은 부분까지 세심한 정성을 기울이는 장인정신의 본보기를 제시한다.

생산 과정에 JIT 방식을 적용한 오노 다이이치

도요타는 1997년 세계 최초로 하이브리드 차 '프리우스'를 출시했다. 프리우스는 2017년 3월 기준으로 세계에서 가장 많이 팔린 하이브리드 차로서 글로벌 누적판매 1천만 대를 돌파했다. 지구환경 보호를 최대 경영 과제로 삼고 온실가스 배출량 감축이 전 지구적 과제로 부상한 1990년대 "할 수 있는 것을 하는 것이 아니라 해야 할 일을 한다."는 의지로 하이브리드 차 개발에 전념한 결과였다.

안타깝게도 2009년 8월 미국 캘리포니아에서 렉서스 차량에 탑승한 일가족 4명이 급발진 사고로 사망하면서 도요타는 집단 소송에 휘말렸다. 이에 도요타는 2010년까지 급발진 관련 조치로 1,100만 대의 차량을 리콜했으며, 집단 소송에 11억 달러의 합의금을 지급했다.

하지만 렉서스는 2010년 미국 고급차 시장에서 11년째 가장 많이 팔린 자동차 브랜드의 지위를 여전히 유지하고 있다. 최고의 제품을 만들고자 하는 철저한 장인정신이 밑바탕이 된 '도요타 방식'은 여전히 그 빛을 잃지 않으면서 진화를 계속하는 중이다.

**델 컴퓨터, 자라, 아마존 등 굴지의 기업들이 도입한
도요타의 'JIT(Just In Time)'**

많은 경제학자는 21세기 기업이 해결해야 할 과제로 도요타의 'JIT(Just in Time)'을 꼽는다. 고객이 원하는 재화나 서비스를 고객이 원하는 때에, 고객이 원하는 만큼 제공하는 JIT는 철저하게 소비자의 필요를 따라가는 경영방식이다.

JIT는 오노 다이이치가 슈퍼마켓의 진열 시스템에서 얻은 아이디어에서 시작됐다. 비용 절감에 골몰하던 그는 도요타 자동차 생산라인에 JIT를 도입하기로 하고, 공장 내부에 부품을 진열한 가게를 열어 공장을 한 바퀴 돌면서 이를 가져가도록 하는 방식을 시도한다. 작업자와 부품업자 간에 부품 번호와 필요한 공정을 적은 쪽지看板를 주고받게 함으로써 자동차 생산 공정에 필요한 부품과 필요한 시점, 필요한 양을 정확히 측정할 수 있게 한 것이다. 그의 결단과 실행력은 생산 공정에서의 원가 절감을 넘어 판매, 마케팅, 고객 서비스 분야에까지 확대됐고 도요타 방식의 중요한 핵심요소로 자리 잡았다.

오늘날 구글, 델 컴퓨터, 자라, 알리바바, 아마존 등 유수의 기업들이 기업 경영에 JIT 방식을 도입하고 있다는 것은 이미 알려진 이야기다.

델 컴퓨터는 강력한 공급망 관리SCM를 중심으로 물류혁신을 이룬 대표적인 사례다. 델은 직판으로 주문처리 시간을 단축하고 재고를 절감해 컴퓨터 가격혁명을 일으켰다. 부품을 제때 공급할 수 있도록 부품 공급사를 델 공장 근처로 이전시켰다. 그 결과, 컴퓨터 생산에 필요한 부품을 20분 안에 조달할 수 있게 됐고 고객에게 주문을 받는 즉시 제품 생산에 들어갈 수 있었다. JIT 시스템을 도입으로 재고 회전율 또한 높아져 가격경쟁력도 갖추게 됐다.

스페인의 대표 브랜드인 자라ZARA 역시 JIT를 효과적으로 적용한 사례로 꼽힌다. 자라는 소비자들의 욕구와 취향을 빠르게 파악해 제품에 반영하는 패스트 패션 브랜드로, 의류업계에서 신제품이 나오기까지는 통상 1년 정도가 소요되지만, 자라의 경우 단 2주밖에 걸리지 않는다. 도요타의 JIT 방식을 도입하고 있기 때문이다. 자라는 디자이너가 아닌 매장의 매니저가 그때그때 팔릴 만한 아이템을 회사에 주문하는 방식으로 신제품을 만든다. 각 매니저의 눈썰미와 감각은 곧바로 인센티브로 이어진다.

팔리지 않는 물건은 만들지도, 팔지도 않는다는 방침으로 전 세계에 수천 개의 매장을 운영하며 136억 달러 이상의 매출을 올리고 있는 자라의

자라(ZARA) 매장

경영방식은 오노 다이이치가 한 말을 떠올리게 한다.

"개혁의 고통을 두려워하는 조직은 소멸할 수밖에 없다. 도요타 생산방식을 도입하려면 처음에는 고통이 따르지만 피하지 않고 맞선다면 이익이 늘어 반드시 노력에 대한 성과를 얻게 된다."

04 비즈니스 인사이트

TPS (도요타 생산방식)

20세기 초 헨리 포드에 의해 완성된 대량생산방식이 개성과 변화를 특징으로 하는 다품종 소량의 자동차 시장에서 더 이상 위력을 발휘하지 않으면서 도요타가 개발한 독창적인 생산방식이 TPS^{Toyota Production System: 도요타 생산방식}이다. 오노 다이이치에 의하여 완성된 TPS는 팔리는 제품만 만드는 '철저한 낭비제거'를 통해 기업이윤을 확보하고자 하는 생산방식으로 철저한 원가절감을 실현함으로써 오일쇼크와 엔고파고 속에서 위력을 발휘했으며 총재고일수 3일 및 자재 투입에서 완성 후 출고 소요시간 10시간이라는 기록을 달성하여 자동차 산업계에 새로운 이정표를 제시하였다. TPS는 크게 JIT와 자동화로 구성된다.

JIT Just In Time

JIT^{적시생산방식}은 재고를 쌓아 두지 않고서도 필요한 때 적기에 제품을 공급하는 생산방식으로 팔릴 물건을 팔릴 때에 팔릴 만큼만 생산하여 파는 방식이다. 생산방식에는 풀 방식^{Pull method}과 푸시 방식^{Push method}이 있는데 도요타의 JIT은 풀 방식에 해당된다. 푸시 방식은 고객이 주문하기 전에 생산을 시작하는 방식으로 주어진 단계의 작업이 완료되면 작업물은 다음 단계로 바로 이동하는 방식이다. 풀 방식은 고객의 주문에 의하여 제품의 생산을 개시하는 방식으로 다음 단계의 수요에 의하여 생산이 허가되고 작업물이 이동하는 방식이다. JIT는 이익을 극대화할 수 있다는 이점이 있지만 예기치 못한 일이 벌어질 경우 대응이 늦을 수밖에 없다는 것이 문제로 지적되고 있다. 2011년 동일본 대지진 당시 열흘간 도요타 공장 가동이 전면적으로 중단되기도 했다.

자동화 自働化

JIT와 함께 TPS를 지탱하는 것은 '자동화^{自働化}'이다. '자동'의 한자표기는 원래 '自動'이지만 TPS의 자동은 '自働'으로 사람 인변이 붙어 있다. TPS의 '자동화'는 모든 기계에 자동정지 장치를 붙여 기계가 정상으로 작동하고 있을 때는 사람이 필요 없으나 이상이 발생하여 기계가 멈췄을 때 비로소 사람이 필요한 것이다. 기계가 멈췄을 때 사람이 작업을 대신하면 생산성은 향상되지 않지만 왜 기계가 멈췄는지 원인을 추적해 들어가면 개선이 일어나고 생산성은 향상된다.

Epilogue

세계 최고의 기록을 모아 해마다 발간하는 책인 '기네스북'에 오른
자동차의 기록들을 통해 끊임없는 경쟁과 혁신으로 발전해 온
자동차 기업과 자동차 기술들을 즐겨보자!

자동차 기네스북

"성공으로 가는 엘리베이터는 고장입니다.
당신은 계단을 이용해야만 합니다…. 한계단 한계단씩"

-기네스북에 오른 자동차 판매왕 조 지라드-

포르쉐의 SUV 카이엔은 '가장 무거운 항공기를 견인한 양산차'의 타이틀로 기네스북에 등재되었다.

S터보 디젤엔진을 장착한 이 차량은 길이 73m, 무게 285톤의 에어버스 A380을 42미터를 견인하는 데 성공했습니다.

홍보의 일환으로 많은 자동차 회사들이 무거운 물체 견인하기에 도전했는데,

랜드로버 디스커버리 스포츠 차량도 108톤의 열차 끌기에 도전하였고, 도요타 자동차는 우주 왕복선을 견인하기도 했죠.

자동차 기네스북 | 311

세계 최초의 자동차는 벤츠사에서 제작되었다.
앞에서도 살펴보았듯이 '칼 벤츠'는 1885년에 '말없이 달리는 마차'를 떠올리며 자동차를 구상했죠.
그렇게 발명된 세계 최초의 자동차 이름은 '파텐트 모터바겐'입니다.
이름에서도 알 수 있듯이 이 차는 세계에서 첫 번째로 특허를 받았죠.

그런데 이 자동차가 처음 판매된 곳은 독일이 아닌 프랑스였죠. 당시 프랑스의 교통 문화가 가장 선진적이었다고 합니다. 실제로 세계 최초의 운전면허 획득자 역시 프랑스인이었죠.
이 차는 마차의 차체 구조를 그대로 본뜨고 단지 좌석 아래에 엔진만 탑재했습니다.
Torhaus
Ausgang
Exit · Sortie
Exit
Tor

현재까지 기네스북에 등재된 공식적인 '세계에서 가장 빠른 양산자동차'는 부가티 베이론 슈퍼 스포츠카다. 이 차는 2010년 시속 432.91km를 주파했다.

세계 신기록을 세운 부가티 베이런을 비롯해 쉘비 수퍼카, 쾨닉세그 CCX 등 세계에서 가장 빠른 자동차들은 모두 미쉐린 타이어를 장착했다고 합니다.

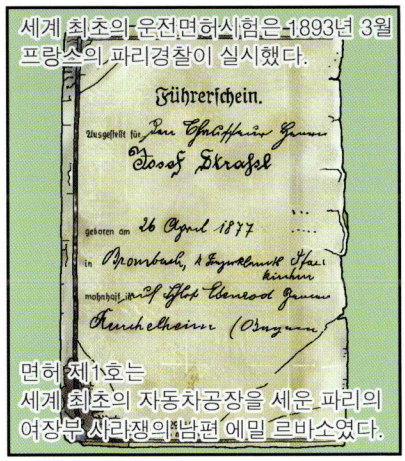

만화로 보는
에피소드 경영학
❶ 자동차

2018년 6월 01일 초판 1쇄 발행

지은이	김용석
그린이	채 안
편집·디자인	유진강(아르케 디자인)
인쇄·제본	상지사

펴낸이	김용석
펴낸곳	(주) 이러닝코리아
출판등록	제 2016-000021(2016년 3월 31일)
주 소	서울시 금천구 가산동 60-5번지 갑을그레이트밸리 A동 503호
전 화	02)2106-8992
팩 스	02)2106-8990

ISBN 979-11-89168-02-5   03320

* 잘못된 책은 바꿔 드립니다.
* 책값은 뒤표지에 있습니다.

이 책은 저작권법에 의해 보호를 받으므로 어떠한 형태의 무단 전재나 복제를 금합니다.